で貫けるかとは思いつつも、まずはやってみようと、執筆を始めた。

反面、父の書いた文章や用語を起点に筆を起こすものだから、一般の日本史叙述のように古代史から現代史まですべてを網羅したものにはならない。そして、一旦筆を起こすと、今度は私の「連想ゲーム」が始まる。「これを言うのなら、あれも言いたい、こちらも言いたい」という高校日本史の枠内の連想ゲームである。しかし、やり過ぎてもいけないので、「もう一言」を思いとどまったことも随分あった。

叙述にあたっては諸情報の相互関連を意識したつもりではある。だが、単に用語を紹介するだけの場合や説明が不十分なこともよくある。そういう時は自ら調べて頂きたい。

このように「高校日本史」を念頭に置いた本書だが、その根拠を単に私の経験的センスだけに求める訳にはいかない。そこで高校生が日本史を学ぶ際、定評のある山川出版社『日本史用語集』を参考にした。同書に掲載されている用語はゴチック体とした。

本書の表記について

・本書において、これ以降は、「私」は父（永瀬宏一）のこと、「筆者」は息子（著者／永瀬一哉）のことである。父が記す「私」と区別するために息子は一人称を「筆者」とした。
・父の手記は楷書体、筆者の文は明朝体。
・ゴチック体は「全国歴史教育研究協議会編『日本史用語集　改訂版　A・B共用』（山川出版社　二〇一八年）」に掲載されている用語。ただし、ゴチック体にするのは一度だけ。二度目以降は明朝体。

・旧国名は右記の『日本史用語集』掲載の有無にかかわらず、すべてゴチック体。
・本文中においては、父の手記原文の表記に合わせるため、すべて元号・西暦の順（昭和三〇《一九五五》年）とした。
・父の手記（楷書体）の中の（　）は原文のまま、《　》は筆者の補足。
・父の手記（楷書体）の中の〰〰は、その後の説明で取り上げる事柄。
・本文の根拠や出典は一部を除き、特に記さない。

父永瀬宏一の人生の大筋

父は明治四一（一九〇八）年、東京（府渋谷町）で生まれた。現在の港区虎ノ門で物心がつき、地元の小学校、旧制赤坂中学校（現日大三高）、法政大学（高等師範部英語科）を経て、伏見のデパート、伊豆の小学校、東京目黒の郵便局、大阪の私立学校などを勤務の後、徳島県立中学校（旧制）、高校（新制）の英語科教諭となる。退職後、東京（都日野市）に戻り、昭和六三（一九八八）年死去。七九歳。

秀吉の天下への街は父の失恋への街

父は手記の冒頭、「序言」で次のように記している（傍点筆者）。

> 私は自ら歩いて来た道を大略書いてみたいと思い立って、これをまとめた。文才のない者が書くのだから、意味のよく通らない場合もあろうし、自らは分かり切っているものだから、つい語が簡に過ぎて分かりにくい場合もあろう。しかし、大体において自分以外の人に読んでもらうことを前提にしていない。しかしながら、私は父母のことも、先祖のこ

とも詳しいことは何一つ知らない。常に心淋しく思っている。知らないとは変な話だが、要するに夫婦、親子が落ち着いて、およそ何事にもせよ物を語るという機会が一生涯の間になかったという不幸な事情が原因である。そういう体験から、これを私以外の人が読んでくれてもよい。幾分はそういうつもりで書いた。

昭和三〇《一九五五》年四月二九日　徳島県三好郡池田町、《徳島県立》池田高等学校寄宿舎の一室たる自宅において。

この言い回し（傍点部）を使って、教科書叙述を語ってみよう。日本史教科書の執筆者は日本史が専門である。しかしながら、教科書は紙幅に制限があるもの「だから、意味のよく通らない場合もあろうし、自らは分かり切っているものだから、つい語が簡に過ぎて分かりにくい場合もあろう」。教科書はある程度分かって読むと、実に短くまとめた文の巧みさに感嘆させられることもあるが、一方、初めて学ぶ多くの高校生からすれば、文が簡潔になればなるほど分かりづらく、行き着く先は「暗記」だろう。そんな勉強方法でテストを乗り切ったところで何も残らない。こうして自国の「ことも詳しいことは何一つ知らない」のでは、実に「心淋し」いことになる。

とはいえ、本書は永瀬宏一という名もなき一庶民の歩みを通して高校日本史を学習しようというものだから、上述のように日本史という大河を上流（古代）から下流（現代）まで追い掛けることも、高校日本史教科書にある事柄にすべて触れるということもできない。父が人生で関わったことをベースにして、そこから語れることしか取り上げられない。そして、当然、話は時代もジャンルもあちこちに飛ぶ。だが、恐らくこんな手法は稀有だろう。父の人生を一緒に眺めて頂きつつ、高校日本史の教科書において得てして無味乾燥になりがちな歴史事象や歴史用語を、一人の人間が生きた息吹の中で捉えて欲しい。

若き日の父は恋愛を終わらせるために琵琶湖の畔、滋賀県（近江国）の木之本《きのもと》を訪れた。その地は**賤ヶ岳《しずがたけ》の戦い**で**柴田勝家**と戦った**羽柴秀吉**（後の豊臣秀吉）の本陣が置かれたところである。秀吉が天下様へ向けて大きく踏み出した街は、父が失恋に向かう街であった。そんなふうに、エモーショナルに学びたい。

父の手記、つまり父の知見や体験をベースに、筆者（息子）があれやこれやと語る。だからタイトルは『父と子が　共に紡いで　高校日本史』である。

二〇二〇年一〇月一一日

永瀬一哉

目次

第四部　関西生活

第五部　阿波生活

イラスト　一場友花
　　　　　林　未尋

第一部　入学前

【サマリー】

明治末年、筆者の父、永瀬宏一は東京渋谷に生まれ、皇居のすぐ前の虎ノ門で育った。父親（筆者の祖父）は放浪癖があり、樺太、北海道、台湾、澎湖《ほうこ》諸島、中国大陸、遼東半島、朝鮮、北九州を渡り歩いた。母親（筆者の祖母）は上流階級の家庭の住み込み看護婦であった。このため息子（筆者の父、宏一）を手元で育てられず、虎ノ門の養父母に預けた。

第一部は明治末から大正初期の虎ノ門界隈の情景が描かれる。

長宗我部元親――阿波池田

「はじめに」の「序言」最末尾のように、父が手記を書いたのは「三好郡池田町（の池田高校内）」であった。この徳島県の最西部の街は、かつて一瞬、日本史の表通りに姿を現したことがある。

現在は三好市池田町。地図を見れば分かるが、四国の真ん中にあることから「四国のヘソ」と呼ばれる。東に広がる**阿波国**（徳島県）、北の**讃岐国**（香川県）、西の**伊予国**（愛媛県）、南の**土佐国**（高知県）に通じる交通の要衝である。

土佐に興った**長宗我部元親**《ちょうそかべもとちか》は天正五（一五七七）年、阿波池田の白地《はくち》城を占領し、ここを拠点に阿波の**三好氏**を討つなどして四国を統一した。ところが、天正一〇（一五八二）年、**織田信長**が**本能寺の変**で**明智光秀**に殺されると事態は急変する。急速に台頭した羽柴秀吉の軍門に下り、こともあろうに土佐一国に戻されてしまった。これまでの人生、一体何をやって来たのか。彼の無念はいかばかりであったことか。迫り来る秀吉の軍勢を前に、元親が降伏を決断したのは白地城だった。つまり、阿波池田を奪って四国を手にし、阿波池田を去って四国を失った訳である。

大都会東京の皇居（江戸城）の目前の虎ノ門で育ち、**法政大学**を卒業し、中等学校▲の教員になりたかった父が流れ流れてたどり着いたのが阿波池田であった。筆者（息子）はここで生まれた。

城のあった白地は現在の阿波池田の市街から外れている。筆者は小学生の頃、悪ガキと一緒に自転車で、国道を走って、白地まで行ったことがある。トラックも随分通っていて怖かったので、訪れたのは一度きり。かんぽの宿の建設で城跡が破壊されたことは後年知った。

▲中等学校は旧制中学校、高等女学校、各種実業学校など。今日の高等学校に相当。現在の「全国高等学校野球選手権大会」は戦前は「全国中等学校優勝野球大会」であった。

長宗我部元親に追われた三好氏は、阿波池田のあるかつての三好郡（現在の三好市）が本拠であった。高校教科書や副読本で、室町時代の**下剋上**の典型例として、「足利将軍家の実権が管領《かんれい》の**細川氏**に移り、そして、その実権が家臣の**三好長慶**《ながよし》に移り、さらにはその家臣の**松永久秀**に移った」という文脈で紹介されることが多い。一時は室町幕府の実権を握り、大変な名家と

四国のヘソ・阿波池田（イラスト 一場友花）

なった。豊臣秀吉は甥（後の二代関白豊臣秀次《ひでつぐ》）を三好家に養子に入れたこともある。元々は小笠原氏で、後に三好氏を名乗った。鎌倉時代に**承久《じょうきゅう》の乱**の恩賞として鎌倉幕府から阿波国**守護**に任命されたのが、この地との関係の始まりと言う。筆者が通った池田幼稚園と池田小学校は三好氏支流の大西氏が治めた大西城の跡地にあった。池田小学校の隣には諏訪神社がある。小笠原氏が郷里信濃から勧請《かんじょう》したのだろう。ガキの頃、ここでよく遊んだ。

司馬遼太郎『街道をゆく32　阿波紀行　紀ノ川流域』（朝日新聞社、二〇〇〇年）の中に「『孫子《そんし》』の地」という一節がある。司馬は中国の兵法書『孫子』を踏まえ、阿波池田は地形的、地勢的に軍事に適していると説き、元親の拠点、白地にも言及する。さらには小笠原氏や三好氏、長宗我部氏にまで筆が及ぶ。阿波池田がよく分かる。

阿波国 ―― 徳島県

徳島と言えば「阿波踊り」である。「阿波の殿様蜂《はち》須賀《すか》公が今に残せし阿波踊り」と歌いながら踊るが、江戸時代、この地は蜂須賀氏が支配した。若き日の木《きの》下藤吉郎《したとうきちろう》（後の豊臣秀吉）と**三河国**（愛知県東部）の矢作橋《やはぎ》の上で出会ったという逸話のある蜂須賀小六の子が藩祖。織田信長が**美濃国**（岐阜県）の**斉藤氏**（斉藤道三《どうさん》に始まる戦国大名）を攻略した際、木下藤吉郎が短期間でやってのけたといういわゆる墨俣一夜城《すのまたいちやじょう》に蜂須賀小六は関わっていた。後に筆者が東京都日野市に住んでいた頃（↑第五部（土方歳三、平山季重））、近所に旧姓蜂須賀さんがいらっしゃった。

讃岐国 ―― 香川県

阿波池田の北は「讃岐うどん」の讃岐国・香川県である。かつて高校野球で一世を風靡した徳島県立池田高校だが、その校歌に「阿讃《あさん》の嶺ときそうなる　これぞわれらが学びの舎《や》」との一節がある。学校のすぐ北を四国三郎・吉野川が流れ、その吉野川の後方に阿讃山脈が聳《そび》え立っている。阿波と讃岐の境の山である。ある時、テレビに「阿讃坊《あさんぼう》」さんという方が出ていた。ここに関係のある名字らしい。

讃岐が生んだ偉人と言えば、やはり**空海**（弘法大師）であろう。この人物は後で述べる（↑第四部（高野山／立命館））。

現在、香川県の県庁所在地となっている高松市だが、かつての江戸時代の高松藩は徳川御三家（尾張家、紀伊家、水戸家）の水戸家の血筋が治めた。江戸時代の異才**平賀源内**は同藩士。**エレキテル**で知られるが、『放屁論』などという一度聞くと忘れられないネーミングの一文も残している。

室町幕府の**四職**《しき》（山名氏、赤松氏、一色氏、京極氏）の一つであった京極氏が江戸時代になって治めたのが讃岐国西部の丸亀藩。京極氏は**室町幕府**をつくった**足利尊氏**に協力した**ばさら大名**▲の**佐々木道誉**《どうよ》の末裔。本書で、この後、東京虎ノ門の**金刀比羅宮**《ことひらぐう》が父の幼少期の遊び場として登場するが、この神社は讃岐の金刀比羅宮（現香川県琴平町）を京極氏が江戸の藩邸に勧請したものである。

▲ばさら（婆娑羅）とは従来の権威をあざ笑い、華美な服装で、傍若無人な振る舞いをすること。

澁澤龍彦は次のように言う。「『ばさら』の語源には、いくつかの説があって、衣をひるがえして舞うさまを表現した『ばさ』の語に、接尾語の『ら』がついたというのも、その一つである。そうかと思うと、『ばさら』は梵語の音をそのまま使ったことばで、漢訳すれば金剛、すなわちダイヤモンドのことだともいう。ダイヤモンドは硬くてどんなものでも打ち砕くから、つまり精神の自在さとか、既成の権威をものともしない奔放さとか、遠慮のない振舞とかを象徴的にあらわしているというわけだ。

私にはこの語源説のいずれが正しいか、ここで判定をくだすことはできないが、『ばさら』とは要するにダイヤモンドのことかと思うと、この中世日本の流行語が、いよいよ好きになってくるのを感じないわけにはいかないのである」（「『ばさら』と『ばさら』大名」〔「澁澤龍彦全集20」（一九九五年、河出書房新社）〕所収）

丸亀の東に坂出《さかいで》がある。瀬戸大橋の四国側の出入口。ここに白峰山がある。瀬戸内海を一望し、瀬戸大橋の威容を目前にする風光明媚の地。筆者は二度、足を運んだ。平安時代の**崇徳**《すとく》**上皇**の白峯陵がある。**保元の乱**で敗れた崇徳上皇は讃岐に流され、この地で生涯を終えた。保元の乱の顛末は述べないが、さぞかし無念で、恨み骨髄だっただろう。

平安時代半ば、**宇多**《うだ》**天皇**に登用され、**右大臣**にまで上った菅原道真（年号暗記のゴロあわせ、「白紙《八九四》に戻す遣唐使」の人物）は左大臣藤原時平《ときひら》らによって大宰権帥《だざいのごんのそち》に左遷され、没後に怨霊と化したとされるが、崇徳上皇も同様であった。江戸時代の化政《かせい》文化の作家、曲亭馬琴《きょくていばきん》の『椿説弓張月《ちんせつゆみはりづき》』（↑第三部（伊豆大島））では、保元の乱の折、自陣で戦い敗れた源為朝《ためとも》（↑第三部（伊豆大島））を怨霊となって守り続ける（「椿説弓張月」では崇徳をしゅとくと読む）。また、馬琴の約三〇年前、上田秋成《あきなり》が著した怪奇小説『雨月《うげつ》物語』では、白峯陵を訪れた歌人西行（元北面の武士、佐藤義清《のりきよ》）の前に怨霊となって現れ、自身の敵方に回った為朝の兄、源義朝《よしとも》などを糾弾する。

両者の激しいやり取りの末、西行が「よしや君　昔の玉の　床とても　かからんのちは　何にかはせん」と一首を献上し、「刹利（王族）も須陀（下層民）も（亡くなったら）かはらぬものをと、心あまりて高らかに吟《うたひ》ける」と、崇徳上皇は穏やかになって消えて行った。筑前国《ちくぜんのくに》（福岡県西部）大宰府で亡くなった菅原道真だが、彼は一時期、この讃岐の国司（讃岐守）も務めている。

また、崇徳上皇を諫めた西行は「願はくば花の下にて春死なむ」の歌がよく知られる。江戸の幕末の高杉晋作は西行をもじって自らを東行と称したが、筆者は対抗して南行としている。難行に通じて面白いと、独り悦に入っている。

この源為朝や菅原道真、あるいは平将門（後述）、源義経（後述）、八世紀末の征夷大将軍の坂上田村麻呂《さかのうえたむらまろ》など伝説化した人物を論ずる『英雄伝説の日本史』（関幸彦、講談社）は面白い。

崇徳上皇の御陵のある白峰山付近は石器の材料となったサヌカイト（讃岐石）の産地である。サヌカイトの命名者は別人だが、これを母国ドイツに持ち帰ったのはナウマン象やフォッサマグナの研究で知られる明治時代のお雇い外国人のナウマンである。

サヌカイトは奈良と大阪にまたがる二上山《にじょうざん》でもとれる。この二上山には悲劇の大津皇子▲の墓がある。「うつそみの（宇都曽見乃）人にあるわれや（人尓有吾哉）明日よりは（従明日者）二上山を（二上山乎）弟背とあが見ゆ（弟世登吾将見）」（万葉集）と、大津皇子の死後、姉の大来皇女《おおくのひめみこ》は詠んだ。なお、括弧内の漢字表記は万葉仮名である。

▲天武天皇の皇子。朱鳥元（六八六）年、自害した（大津皇子の変）。

伊予国 — 愛媛県

池田の西方は伊予国。高校日本史の著名人には、日《ひ》振島《ぶりしま》を拠点に反乱を起こした平安時代の**藤原純友**《すみとも》や**鎌倉新仏教**の一つ**時宗**の開祖**一遍**、そして江戸時代後期の名君、**宇和島藩主伊達宗城**《むねなり》（仙台藩伊達家同族）などがいる。

一遍は伊予の名族にして水軍で知られる**河野氏**《こうの》の出身。**弘安の役**（二度目の蒙古襲来）で奮戦した河野通有《みちあり》の名はかつては教科書にもあった。

巡査津田三蔵が明治二四（一八九一）年、ロシア皇太子**ニコライ**を斬り付けた**大津事件**の裁判で、司法権の独立を守った**大審院**院長の**児島惟謙**《これかた》（↑第四部〔和歌山／琵琶湖（大津市）〕）は宇和島藩出身。近代俳句の創始者**正岡子規**は松山藩（久松（松平）家。徳川家康の生母の再婚先の家系）出身。

土佐国 — 高知県

長宗我部元親を生んだ土佐国はやがて**山内氏**の支配となった。これが明治政府の**薩長土肥**の藩閥の一つ土佐藩である。幕末の**大政奉還**や**小御所**《こごしょ》**会議**にその名を残す**山内容堂**《ようどう》（豊信《とよしげ》）を出した。

坂本龍馬、**中岡慎太郎**（坂本と共に薩長連合に尽力）、**後藤象二郎**《しょうじろう》（明治の政治家。大政奉還に関与）、**板垣退助**（明治の政治家。自由民権運動のリーダー）、**谷干城**《たてき》（西南戦争で熊本城を守り抜く）、彼らは土佐藩士。また、**海南学派**（南学派）の**野中兼山**《けんざん》（江戸時代初期の土佐藩家老）も忘れられない。

その他には、**岩崎弥太郎**（三菱財閥の祖）、漂流民**ジョン万次郎**▲（中浜万次郎）、日露戦争批判の「君死にたまふこと勿《なか》れ」の**与謝野晶子**を非難した**大町桂月**（藩士の家系）、いわゆる**大逆事件**（幸徳事件）の**幸徳秋水**、昭和の**金融恐慌**における「失言」の**片岡直温**《なおはる》大蔵大臣、同じく昭和の**浜口雄幸**《おさち》首相（内閣総理大臣）。戦後の日本を牽引した**吉田茂**首相は東京生まれだが、土佐藩士の家系。

首相と言えば、徳島県には**三木武夫**、香川県は**大平正芳**がいる。

讃岐には崇徳上皇が流されたが、土佐へは**土御門**《つちみかど》**上皇**（後に阿波へ）である。この上皇は**承久の乱**（↑第二部〔能〕、第三部〔大阪／宇治／醍醐〕）で日本海に浮かぶ隠岐島（隠岐国／島根県）に流された**後鳥羽上皇**を父とする。

▲一四歳で漂流。アメリカで学び、帰国後、通訳として**咸臨丸**で再度渡米した。

かつては、この四つの国に**紀伊国**（和歌山県）を加えて**南海道**と呼ばれた。この「道」はroadでない。古代の律令制の行政区分である。**五畿七道**と言うが、**五畿**（畿内）は**大和国**（奈良県）、**山背国**《やましろのくに》（のち山城国／京都府南部）、**摂津国**（大阪府と兵庫県にまたがる一帯）、**河内国**（大阪府東部）、**和泉国**《いずみのくに》（大阪府南部）。そして七道は西から**西海道**（九州）、南海道、山陽道、山陰道、北陸道、東山道、**東海道**である。

慶応――祖父は江戸時代の人だった

「序言」の後、父は両親（筆者の祖父母）を説明する。

父《筆者の祖父》は福島県石川郡小平村大字西山《現福島県石川郡平田村西山》……、永瀬庄太の弟で、**慶応二**《一八六六》年八月十八日生まれ。……名は房吉。

最初この一節を読んだ時、筆者は息を呑んだ。我が祖父は何と**慶応**の生まれだった。慶応は**明治**の一つ前の元号。つまり、祖父は江戸時代の人だったというのである。

慶応と聞くと、元号よりも**福沢諭吉**の**慶応義塾**であろう。創立は慶応二年だから、この学校は我が祖父と同年の生まれである。

慶応二年に何があったか、年表を繰ってみた。「**薩長連合成立**」、「**第二次長州征討**」、「一五代将軍に徳川**慶喜就任**」など。薩長連合と言えば坂本龍馬、第二次長州征討と言えば高杉晋作などが思い浮かぶ。こうした人達が息をしていた時に、我が祖父は生まれた。幕末は遠くないと強く実感した。

祖父は敗戦の翌年の昭和二一（一九四六）年に、七九歳で亡くなった。明治維新の**夜明け前**に生まれ▲、近代国家建設の真只中を生き抜き、一旦すべてを失う敗戦を見て死んだ。祖父の寿命を通して近現代の時間的長さを肌でつかむことができた。

▲この表現は明治の作家**島崎藤村**の代表作『**夜明け前**』を意識した。**平田篤胤**《あつたね》の**国学**（日本固有の精神、文化を探究）を学んだ**中山道馬籠宿**《まごめじゅく》の青山半蔵が時代の変革の意義を問い、苦悩した人生を描いている。

祖父の郷里は福島県。古代の白河関や近代の戊辰戦争の一つ会津戦争での白虎隊の悲劇が思い浮かぶ。白虎隊士の中に永瀬雄次という人物がいる。我が家との血縁関係の有無は分からない。

多田源氏――祖母の養父

次は母である。

母《筆者の祖母は》……明治十三《一八八〇》年四月二十日に……生まれた。戸籍には「神戸市兵庫区西出町……」とある。後に「神戸市山手通……高森柳太」の養女となった。妹も一緒だった。高森は岡山県人で材木商であり、妻を三度迎えたと言う。……養女になった事情は私は知らない。後に高森は阪急宝塚線花屋敷の辺りに移った（住所は兵庫県川辺郡川西町……）。母の名はかし。

筆者の祖母は神戸の人だった。そして岡山県出身の材木商が養父だと言う。岡山と言えば、古代吉備《きび》の勢力を伝える造山古墳《つくりやま／ぞうざん》▲1や作山古墳《つくりやま／さくざん》▲2を想起する。あるいは戦国時代、本能寺の変を知り、急遽取って返した羽柴秀吉の中国大返《ちゅうごくおおがえ》しは備中国《びっちゅうのくに》（岡山県西部）高松城の水攻めの最中だった。また、日本三名園の岡山の後楽園（↑第三部〔加賀前田家／本妙寺／シドッチ〕）もよく知られている。

なお、神戸は後述する。

▲1 岡山県岡山市にある。大仙陵《だいせんりょう》古墳（いわゆる仁徳《にんとく》天皇陵）（↑第四部〔堺〕、第五部〔徳島空襲〕）、誉田御廟山《こんだごびょうやま》古墳（いわゆる応神《おうじん》天皇陵）（↑第四部〔佃島／石川島〕）、百舌鳥《もず》陵山《みささぎやま》古墳（いわゆる履中《りちゅう》天皇陵）（↑第四部〔佃島／石川島〕）に次ぐ四位の規模の古墳。

▲2 岡山県総社市にある。十位の規模。

兵庫県川辺郡川西町一帯は歴史的な場所である。かつての摂津国の多田荘であるが、平安時代の清和天皇に始まり、後に鎌倉幕府の源頼朝や室町幕府の足利尊氏らを輩出する武家の名門清和源氏の系譜の多田源氏の本貫（本籍）である。

多田源氏は源満仲（多田満仲）に始まる。明治の文豪夏目漱石の不朽の名作『坊ちゃん』の中で、主人公がオレは多田満仲の末裔だ（つまり名門だ）と豪語する場面がある。つまらぬことだが、筆者の池田小学校時代、初恋の相手は多田M子さんであった。徳島県や香川県では多田さんによく出会う。

清和天皇は承和《じょうわ》の変を経て藤原北家の藤原良房が人臣初の摂政に就いた時の天皇である。藤原氏は、ここで摂関政治への第一歩を踏み出す。

それにしても、福島県生まれの祖父と神戸市生まれの祖母がどこで、どうやって出会ったのか。今となっては知る由もない。

清和天皇―貞純《さだすみ》親王―六孫《ろくそん》王（源経基）―満仲《みつなか》（多田源氏）
―頼信（河内源氏）―頼義―義家―義親《よしちか》―為義《ためよし》―
┬義朝┬頼朝┬頼家
└為朝└義経└実朝

二・二六事件――渋谷生まれの父

次に父は自身のことを語る。

私は明治四一《一九〇八》年六月一日に生まれた。《戸籍によると》ところは東京府豊多摩郡渋谷町大字上渋谷百二十一番地ということだ。

父が生まれたのは、今日の渋谷区神南一丁目。国立代々木競技場に隣接し、近くにNHK放送センターがある。父の誕生の翌年に陸軍の代々木練兵場（兵隊の訓練場）がつくられた。ここは昭和二〇（一九四五）年の敗戦後、米軍に接収されたが、昭和三九（一九六四）年の東京オリンピックを機に返還され、NHK放送センターなどになった。

昭和一一（一九三六）年、陸軍青年将校が昭和維新を唱え決起した二・二六事件が起きた。結局は彼らは投降し、練兵場にあった陸軍刑務所で処刑されたが、現在、NHK放送センターの脇に慰霊碑が建っている。

二・二六事件で襲撃されたものの難を逃れた牧野伸《のぶ》顕《あき》は明治の元勲大久保利通の息子であった。大正八（一九一九）年のパリ講和会議の全権を務めた。娘婿が既述の吉田茂（↑第一部（土佐国））であり、その吉田の孫が麻生太郎元首相となる。

筆者の父は、第二部で改めて述べるが、旧制赤坂中学校（現日大三高）に通った。そこに予備役《えき》（現役を終えた軍人。非常時に召集）の生活指導担当の先生がいた。

体操、兼、生徒監《生活指導》の船木《先生は》……予備陸軍大尉で、三大節《四方拝（元旦）、紀元節（建国記念の日）、天長節（天皇誕生日）》には軍装で登校する。生徒は「先生、軍服の虫干しですか」と冷やかすが、ある時、麻布三連隊《歩兵第三連隊。後に二・二六事件に関与》の兵士が山王坂《日枝神社の裏手。国会議事堂の前》の停留所で、向こうからやって来てしやっと敬礼したのを見て、腐っても鯛と、私は感心した。

赤坂中学校の生活指導の先生に敬礼した兵士は、後に二・二六事件に関与した麻布三連隊所属だったという話である。今、筆者の手元に幼き父と祖母が日枝《ひえ》神社で一緒に撮った写真が残っているが、二・二六事件の兵士らが立て籠ったのは同社の隣にあった山王ホテルである。高校の教科書や副読本にホテルを占領している兵士の写真がよく載っている。今は山王パークタワーとなっている。

拡張する日本 —— 祖父の足跡

筆者の祖父房吉は妻子を東京に置いて、北に南に放浪していた。

父《筆者の祖父》は多分郷里《福島県》で師範学校を出たのだろう。それから北海道や旧日本領樺太で小学校教員をしていたようだが、長くはやらなかった。……その後、外地を歩いた。……大正六《一九一七》年頃、『父帰る』式で内地へ舞い戻った。……歩いたところは、支那《中国》各地、満洲、朝鮮、台湾、澎湖諸島《ほうこしょとう》等……、九才くらいの私の目の前に、ひょっこり現れた父の姿、別に不自然な感じはなかったが、何となくとりつくしまのない感じは否み得なかった。

『父帰る』は近代の作家菊池寛の戯曲。財産を食いつぶし、妻子を残し、愛人と家を出た父が二〇年後、戻って来るというストーリー。父は突然、東京に戻って来た祖父房吉の行動をこれに例えた。父親に初めて会ったのが九歳というのは、人生に何らかの影を落としていることだろう。

師範学校は戦前の教員養成学校。中等学校（↑第一部〈長宗我部元親〉）の教員を養成する高等師範学校と小学校教員養成の師範学校（旧称は尋常師範学校）があった。父は法政大学高等師範部の出身だから前者に該当し、右の手記の祖父の場合は後者となる。

祖父の足跡は祖父自身が残したアルバムで分かる。まず明治二六（一八九三）年、北海道の紋別で小学校の教員になっている。北海道は明治二（一八六九）年に蝦夷地から改称され、開拓使が置かれて本格的な経営が始まった。明治一四（一八八二）年に北海道開拓使官有物払い下げ事件が起き、これが明治一四年の政変（参議の大隈重信追放、国会開設の勅諭）へと発展したことはよく知られている。追放された大隈は翌年、立憲改進党と東京専門学校（現早稲田大学）をつくった。

次に祖父が行ったのは台湾と澎湖諸島である。日清戦争に勝利し、明治二八（一八九五）年、下関で清国全権李鴻章と日本全権伊藤博文、陸奥宗光《むつむねみつ》との間で調印した日清講和条約（下関条約）で得た初の海外領土。祖父は講和条約の三年後の明治三一年に澎湖諸島の下級官吏に、翌明治三二年には台湾の下級官吏となっている。

その後、清国の広東省、さらに朝鮮の平壌に赴いた後、祖父は突如、北に転じて樺太に行く。ここは江戸時代に間宮林蔵が海峡（間宮海峡）を発見したことが有名だが、幕末の安政二（一八五四）年に締結した日露和親条約では両国の雑居地となった。その後、明治八（一八七五）年に榎本武揚が結んだ樺太千島交換条約でロシア領となったものの、日露戦争を経て、明治三八（一九〇五）年、日露講和条約（ポーツマス条約）で北緯五〇度以南の南樺太が再び日本領となった。我が祖父はその直後の明治三九年に、下級官吏として樺太に渡っている。

次に行ったのは関東都督府（関東州の統治機関）である。遼東半島南部。満州の出入口。

そして、まだある。次には福岡県三池郡役所にも勤めた。ここは「月が出た出た　月が出た　よいよい三池炭坑の上に出た♪♪」の「炭坑節」で知られる三池炭鉱（坑）がある。三池をはじめ北九州一帯は近代日本を支える重要な石炭の供給地。祖父はこうしたところにまで出没した。

思うに祖父は急速に拡張、躍進する明治ニッポンを己れの目で見て歩こうとしていたのであろう。その間、通算二〇年に及ぶ。反面、置き去りにされた妻子は哀れである。

博愛社／交詢社／亀戸事件――日赤看護婦の祖母

こうした無軌道な放浪の資金は祖母の稼ぎであっ

た。日本赤十字社の看護婦として息子（筆者の父）と夫（筆者の祖父）を支えた。

「外遊」中、母に実にひんぴんと無心状《金銭要求の手紙》をよこしたと言う。母は働きがあるので、いつも応じていたらしい。無心状の束を、私が兵隊検査《徴兵検査》の年になった時に見せてくれた。お前が見たからもう捨てると、母は言った。《日本》赤十字社神奈川県支部所属の看護婦で、平素は芝区新桜田町十九番地の「室看護婦会」で《富裕層の家庭への派遣看護婦として》働いていた。……そんな訳で夫がいなくとも十分に子供を養育する能力を持っていた。しかし、どこかへ子供を頼まねば都合が悪いので人に預けた。

日本赤十字社は西南戦争の明治一〇（一八七七）年に佐野常民《つねたみ》らによってつくられた博愛社を起源とし、明治二〇年に万国赤十字社に加盟した。

祖母が働いていた室看護婦会があった「芝区新桜田町十九番地」は現在の港区西新橋一丁目。調べてみると、ここに興味深い人物が二人いた。一人はグリム童話を初めて邦訳した菅了法《すがりょうほう》。『交詢社《こうじゅんしゃ》社員姓名簿』で見付けた。交詢社は慶応義塾の関係者が集う社交クラブであり、自由民権運動期に「私擬憲法案」を作成している。もう一人は弁護士松谷某。彼は大正一一（一九二三）年の関東大震災の混乱時に、亀戸署内で労働組合の活動家一〇名が殺害された亀戸事件の調査に関わっていた。

高橋由一、「鮭」――父の養母

父は芝区琴平町（現港区虎ノ門）の鳥居夫妻に預けられた。

私の最も古い記憶……は芝区琴平町八番地《現東京都港区虎ノ門一丁目》の鳥居竹松、くまの家庭においてのことだった。小学校へ入学してからも、ごく自然に鳥居夫婦を両親と思っていた。鳥居には子供がなかったから、ずいぶん可愛がってもらった。

琴平町八番地は金刀比羅様の鳥居前をちょっと入ったところだった。……鳥居は江戸っ子で、元は車大工、当時は椅子製造の専門職だった。……おくまさんは千葉県夷隅《いすみ》郡豊浜村川津《現勝浦市》の人。元は芝御成門の酒井という写真屋に奉公していた。

母は一軒の派出先が終わると戻って来て、時には泊まった。変なもので二人母を自然に受け取っていた。たまに戻って来た母はごちそうには《裕福な派出先で食べ》飽きている、漬物でいいと言いながら、お茶漬けでうまそうにご飯を食べていた。


幼き父とくまが一緒に撮った写真が残っている。写真の枠に「酒井覚酔《かくすい》」の名が刻まれている。かつてのくまの奉公先であろう。調べてみると、酒井は「播州《ばんしゅう》（播磨国《はりまのくに》／兵庫県）の人、元治元（一八六四）年に生まれた。……高橋由一《ゆいち》に付いて洋画を学び、傍ら写真術を研究して朝野《ちょうや》新聞に聘《へい》せられた」▲と言う。師の高橋由一の代表作「鮭」は教科書や副読本によく掲載されているからお馴染みであろう。そんな酒井の下で、父の養母は働いていた。さすが東京のど真ん中、文明の最先端に触れていたようである。

ところで、御成門とは徳川将軍家の菩提寺の増上寺にある将軍家の門であり、その付近の呼称でもある。

▲松本龍之助『明治大正　文学美術人名辞書』（一九三五年、立川文明堂）三六三頁

父と養母くま（明治四三〔一九一〇〕年七月撮影）。
写真の下方に「酒井覚酔　東京市芝御成門外」とある
〔イラスト　林未尋〕

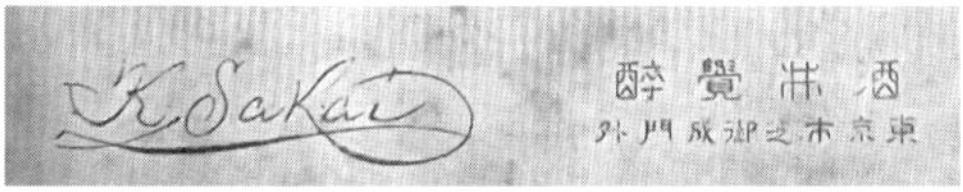

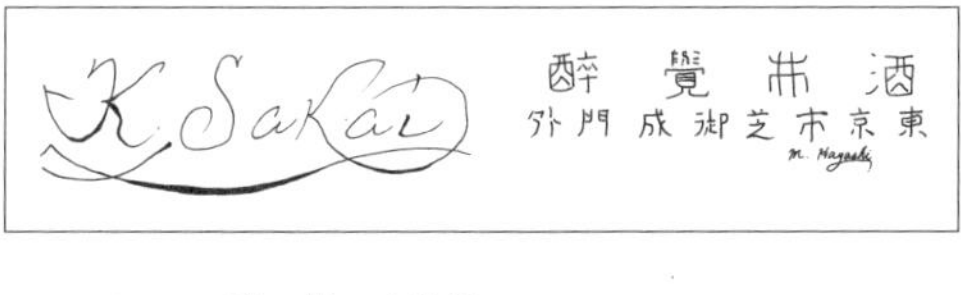

酒井が生まれた元治元年には、「**新撰組**が**長州藩士**を襲った**池田屋の変**」、「**長州藩**（山口県）が京都御所**蛤**《はまぐり》**御門**《ごもん》で**薩摩藩**（鹿児島県）、**会津藩**（福島県）などと戦った**禁門**《きんもん》**の変**」、そして「**四国艦隊下関砲撃事件**」など高校日本史必修の事件が並んでいる。

酒井の故郷の播磨国は、右記の通り、播州とも言われる。**元禄時代**（江戸幕府五代将軍徳川綱吉の時代）の**赤穂事件**をご存知だろう。元禄一四（一七〇一）年、播州赤穂藩主浅野内匠頭長矩《たくみのかみながのり》は江戸城内「松の廊下」で**吉良上野介**《こうずけのすけ》**義央**《よしひさ／よしなか》に斬り付けた。浅野は即日切腹を命ぜられ、田村右京大夫《うきょうだゆう》邸で三〇年余の生涯を閉じる。この措置を不服とした大石内蔵助《くらのすけ》良雄ら家臣四十七人は翌元禄一五年一二月一四日、本所松坂町（現東京都墨田区）の吉良邸に討ち入り、吉良の首を刎ねて仇をとり、泉岳寺（現東京都港区）の主君の墓前に供えた。世に言う「**忠臣蔵**」である。

田村邸は幼き父が走り回っていたエリアの中にある。このためだろうか、父は「忠臣蔵」が好きだった。

円銭厘 —— 幼き日の小遣い

父は椅子製造業の養父と元写真屋奉公の養母の夫婦に育てられ、時折実母が帰って来るという幼き日々を送っていた。もちろん近所の子供らと虎ノ門界隈を走り回っていた。

幸ちゃんという私とほぼ同じ年令の男の子《と》……毎日のように遊んだ。……確か巡査の娘でセキちゃんという同年輩の子がいた。ままごと遊びをやった。またトシちゃんという洋食屋のコックの子で、私より少し年下の男子がいた。この子はたいてい**五厘**しかもらえないのに、私はいつも**一銭**もらうので大変うらやましがられた。……《これを握って》駄菓子屋へ走る。……五厘の場合は知らぬが、一銭だと必ずおまけをくれた。

明治四（一八七一）年、**新貨条例**が制定され、**円銭厘**という新たな通貨が始まった。一円が百銭で、一銭が十厘。当時の値段を調べると、標準価格米一〇kgが一円五六銭から七八銭。今日では三〜四千円だから、米価換算では一銭は二〇円、五厘は一〇円くらいとなる。

断髪令／読売新聞 ― 芝区の神社
父は金刀比羅様のご縁日が楽しみだった。

虎ノ門金刀比羅様は一〇日がご縁日。……露店がずらりと並んで豪勢だった。……チンチンと鈴を鳴らしながら機械仕掛けの人形が動く「桃太郎」と「カチカチ山」《は》……見ていて全く飽きなかった。やっているのは丁髷《ちょんまげ》姿の相当の老人の夫婦だった。

この丁髷には驚いた。断髪令が出たのは明治四（一八七一）年であり、それ以来、「散切り頭を叩いてみれば文明開化の音がする」の散切り頭に皆がなっていたはずだと思っていたが、四〇年もの後の明治末から大正初期、東京のど真ん中に丁髷がいたと言う。

琴平町の氏神は飯倉辺の八幡さんで西久保八幡《神社》と言った。……南佐久間町《今の西新橋一丁目。父のこの後の住まい（後述）》の氏神、烏森《からすもり》神社のお祭りは五月五日であった。ところで、読売新聞の初代社屋は琴平町の家のごく近くにあったらしい。

西久保八幡神社は先述の源満仲の子で、河内源氏の祖の源頼信によって創建されたと伝えられる。頼信は平安時代、房総（↑第一部〈房総〉）で起きた平忠常《ただつね》の乱を平定した。そんな彼の子と孫が源頼義と源義家で、前九年の役と後三年の役の主役である（↑第五部〈陸奥国／高野長英／配属将校〉）。目前に東京タワーが聳える大都会の一画にある神社だが、今も静寂な空間を保っている。

烏森神社は平安時代、藤原秀郷《ひでさと》が関東を舞台にした大乱、平将門の乱を鎮圧した事績に由来する。新橋駅のすぐそばだが、こちらはビルに埋もれた正に都会に生きる神社。今の新橋駅は二代目で、元の名は烏森駅（↑第四部〈東京駅／横浜駅〉）。日本の鉄道発祥の始発駅という由緒ある駅名を、大正三（一九一四）年、初代駅から引き継いで今日に至る。今、新橋駅には「烏森口」という出入口がある。筆者はここを通る度、いつも駅の旧称を思う。

読売新聞が突然出て来た。幼き日々の話をしている中で、急に琴平町と言えばと思い出したのだろう。読売新聞は明治七（一八七四）年の創業。一時低迷したが、大正時代に回復した。きっかけは虎の門事件。大正一二（一九二三）年、摂政宮裕仁親王（後の昭和天皇）が難波《なんば》大助によって狙撃された。責任を取って、時の第二次山本権兵衛内閣は総辞職。警視庁（明治七（一八七四）年薩摩閥の川路利良《かわじとしよし》によって創設）警務部長の正力《しょうりき》松太郎も辞任した。その後、正力は読売新聞の経営者となり、以来、大発展。興味深いのは、虎の門事件の発生地も琴平町（芝区琴平町一番地先道路〈難波大助調書〉）ということである。創業も琴平町、再興の契機も琴平町。読売新聞はよくよくここに縁がある。

上野／浅草／向島／堀切 ―― 幼き日の訪問地①

父は養父の鳥居竹松の親方、石川岩吉ら職人仲間と、あちこちに出掛けた。

《鳥居竹松は》椅子製造の専門職と先に言ったが、義兄《実姉の夫》のところで仕事をしていた。実兄の東三郎も一緒だった。義兄で親方は石川岩吉と言う。……職人は多い時で一〇人、少ない時で三～四人。……今なら電気鋸で見ていると間に切ってしまうが、当時は……長時間かかって、ゴリゴリと大きな鋸で切っていた。

……《石川親分らは》上野、浅草、向島《むこうじま》、あるいは羽田、鈴ヶ森、または堀切《ほりきり》というように、四季に応じて遠出をして適当に人生を楽しんでいた。

父が石川親分らと出掛けたという上野、浅草、向島、羽田、鈴ヶ森、堀切だが、鈴ヶ森以外は江戸時代の絵師、歌川広重の「名所江戸百景」に描かれている。すでに江戸の昔から遊興地であった。広重は「東海道五十三次」が有名。日米修好通商条約が結ばれた安政五（一八五八）年に亡くなっている。

上野と言えば東叡山寛永寺。三代将軍徳川家光が建てた将軍家の菩提寺である。「比叡山延暦寺」に対し、「東叡山（東の比叡山）寛永寺」を名乗った。延暦寺の「延暦」は奈良時代末から平安時代初期の元号で、「泣《七》く《九》よ《四》ウグイス平安京」の平安京遷都の七九四年は延暦一三年である。一方、寛永寺の「寛永」は銭形平次が投げる銭貨「寛永通宝」で知られる江戸時代初期の元号。つまり、「比叡山・平安時代の元号・寺」に対する「東の比叡山・江戸時代の元号・寺」である。慶応四（一八六八）年、江戸に入った新政府軍に対し彰義隊《しょうぎたい》が立て籠ったのはここであった（彰義隊の戦い、上野戦争）。なお、司馬江漢《しばこうかん》は銅版画で上野の不忍池《しのばずのいけ》を題材に描いている（「不忍池図」）。

銭形平次をご存知だろうか。近代の作家、野村胡堂《こどう》が生んだ江戸の目明しで、犯罪者に向けて寛永通宝を投げるのでお馴染みである。アニメの名作『ルパン三世』の「銭形」警部はこの末裔という設定であり、かつ『名探偵コナン』の西の高校生探偵、服部「平次」の名もここから来るのだろう。

ついでに、服部平次の父で大阪府警本部長の服部「平蔵」は、江戸時代中期、寛政改革の時代の火付《ひつけ》盗賊改《とうぞくあらため》長谷川平蔵（通称鬼平《おにへい》／石川島の人足寄場《にんそくよせば》（→第四部〈佃島／石川島〉）を建議）から取り、一方、服部平次の恋人の「遠山」和葉は、幕末の奉行「遠山」金四郎（遠山景《かげ》元《もと》。通称遠山の金さん／桜吹雪の刺青《いれずみ》で有名）から取ったものだろう。なぜなら、和葉の父の大阪府警刑事部長は遠山金四郎ならぬ遠山銀司郎だ。

地下鉄都営新宿線菊川駅出入口に墨田区教育委員会の説明板がある。この駅の地上の一帯にあった屋敷にまず長谷川平蔵が住み、その後、遠山金四郎が住んだと言う。時代劇の人気者が同じ屋敷に住んでいたとは興味深い。といって、今はただ都会の街並みが広がるのみ。住まいを想像する縁《よすが》は何もない。

『名探偵コナン』の主人公「江戸川コナン」は、近代の探偵小説の大御所江戸川乱歩とイギリスの作家で、「シャーロック・ホームズ」の作者コナン・ドイルから来ている。江戸川乱歩の池袋の旧居は現在、立教大学（→第二部〈東京の私立大学〉）が保存している。

浅草は雷門で知られる浅草寺《せんそうじ》があるが、吉原遊郭（新吉原）でも賑わった。明治の作家樋口一葉の『たけくらべ』は吉原を舞台にする。

向島は桜の名所。神社仏閣もあり、人々の憩いの場であった。司馬江漢は、この地も銅版画でリアルに描いた。また、大田南畝《おおたなんぽ》（蜀山人《しょくさんじん》／江戸時代後期の狂歌、洒落本《しゃれぼん》の作者）や谷文晁《たにぶんちょう》（江戸時代後期の画家）、酒井抱一《さかいほういつ》（江戸時代後期の画家）らも足跡を残している。

羽田は今日、羽田空港のある場所だが、戦後しばらくまでは海苔の産地だった。広重の絵を見ると一六〇年余で風景が激変していることを痛感する。尤もここに限ったことではないのだが。

堀切は菖蒲《しょうぶ》で名高い。広重が描いているのは上述の通りだが、江戸時代中期の**鈴木春信**の**浮世絵**でも題材となっている。

鈴ケ森は観光地ではない。後述する（↑第二部〔鈴ケ森〕）。

両国（武蔵国と下総国）――幼き日の訪問地②

父は相撲にも行った。

早朝の料金割引の市電に乗って両国の国技館へ行き、一日中、相撲の見物をすることも度々あった。

相撲と言えば両国の国技館。両国はよく知られた地名だが、これは**武蔵国**と**下総国**《しもうさのくに》の「二つの国《両国》」。江戸時代初期、隅田川東岸は下総国で、架けられた橋は両国橋と呼ばれた。やがて東岸も武蔵国に編入される。

武蔵国は広い。東京都、埼玉県の大半、神奈川県の川崎市、横浜市一帯を占める。鎌倉時代、**北条実時**《さねとき》が**金沢文庫**をつくったとは高校日本史必修事項だが、注意すべきは金沢文庫は武蔵国にあった。現住所では神奈川県横浜市金沢区だから**相模国**《さがみのくに》（神奈川県）と思いがちである。

この金沢文庫の読み方だが、歴史的には「カネサワ文庫」。筆者が神奈川県立教育センターに勤務している時、神奈川県立金沢文庫（カナザワ文庫）の学芸員に直接確認した。要するに、「相模国のカナザワ文庫」ではなく、「武蔵国のカネサワ文庫」である。

下総国は現在の茨城県南西部から千葉県北部一帯。先に述べた平将門（↑第一部〔讃岐国〕、〔断髪令／読売新聞〕、〔活動写真〕、第四部〔芦屋／神戸〕、〔紫式部／適塾／大阪会議〕）の故郷である。

JR両国駅から南へ歩いて一〇分程度、かつての本所松坂町の吉良邸跡（↑第一部〔高橋由一、「鮭」〕）に着く。赤穂藩浅野家の旧家臣四十七士が主君の仇をとるべく討ち入りした吉良上野介の屋敷跡である。今はほんのわずかな狭い空間だが、元々は大邸宅だった。

吉良家は清和源氏の足利氏の血を引く名門であり、織田信長に**桶狭間の戦い**で討たれた**今川義元**の今川家同様に、足利本家が絶えた場合は将軍職に就ける格式の高さを誇った。

一方の浅野家は豊臣秀吉の正室の養家から成り上

がった家。浅野長政が豊臣政権の五奉行の一人。江戸時代は広島藩が本家で、赤穂藩は分家である。

さらに説明する。吉良上野介の「上野国《こうずけのくに》」は群馬県。上野介の「介《すけ》」は「守《かみ》・介・掾《じょう》・目《さかん》」という国司のランクの二番目。例をあげれば、藤原純友（↑第一部〈伊予国〉）は伊予掾。土佐守紀貫之《きのつらゆき》は都に戻った後、「男もすなる日記といふものを女もしてみむとてするなり」の『土佐日記』を書いた。律令の四等官制をしっかり確認して欲しい。

平安時代の藤原純友や紀貫之には国司としての勤務の実態があったが、江戸時代の吉良の場合は「武家官位」という武家の家格（ランク）付けである。上野国を実際に統治した訳ではない。

上野国には足利家と並ぶ清和源氏の名門で、鎌倉を陥落させた新田義貞の本拠が新田郡（現太田市、伊勢崎市、みどり市）にあった。あるいは日本の旧石器時代の研究の契機となった相沢忠洋の発見した岩宿遺跡は群馬県みどり市笠懸町である。

▲この一節は「すなる」（終止形＋伝聞推定の助動詞「なり」／「するという」）と「するなり」（連体形＋断定の助動詞「なり」／「するのだ」）の違いを学習する好例である。

活動写真――幼き日の訪問地③

養父鳥居竹松もあちこちに連れて行ってくれた。

竹松は溜池《ためいけ》《現在の港区の溜池交差点付近》の葵館（洋画館）へも私を連れて行った。なかなかたいしたものだと思う。一升瓶（ビール瓶だったかもしれない）に茶を詰めて行って、暗がりで飲んだのはちょっと面白い思い出だ。葵館は徳川夢声《むせい》がインテリ向きの説明を編み出して評判をとった小屋で、場所柄、諸外国の大公使館関係の外人が多く、……恐らく東京第一の高級活動館《映画館》であっただろう。

▲徳川夢声は無声映画時代の著名な弁士。

明治に始まる映画は活動写真と呼ばれる無声映画であった。昭和の初期まで映画には音声がなく、ただ動いているだけの画面にあわせて弁士が巧みに語った。トーキー（↑第三部〈祝祭日／トーキー〉）と言われた音声と一体化した映画が始まったのは昭和六（一九三一）年だった。

弁士の徳川夢声が活躍した葵館のあった溜池について、今、その地に建つ「溜池発祥の碑」は次のように言う。

「江戸時代のはじめ、江戸城の防備をかねた外堀兼用の上水源として作られ、水道の発祥地ともなり、（二代将軍）**徳川秀忠**時代には鯉、鮒を放し、蓮を植えて、上野の不忍池（↑第一部〔上野／浅草／向島／堀切〕）に匹敵する江戸の名所となった。（三代将軍）**徳川家光**は遊泳したとも伝えられ、江戸後期には日枝神社より赤坂四丁目に通じる料金を取った銭取橋が架設され（たが）、……明治八年より埋め立て」られた。

二代将軍秀忠の正室は、父に**浅井長政**《あざい》、母に織田信長の妹の**市**《いち》を持つ江《ごう》。この女性が生んだのが三代将軍家光である。従って、徳川家には織田家と浅井家の血が入っている。

江の長姉は豊臣秀吉の側室の茶々《ちゃちゃ》（淀殿）で**豊臣秀頼**の母。次姉は既述の金刀比羅宮の京極氏（↑第一部〔讃岐国〕）に嫁した初《はつ》。その家光の乳母（生母に代わり母乳を与える女性）が本能寺の変で織田信長を殺した明智光秀の家臣斉藤利三《としみつ》の娘、**春日局**《かすがのつぼね》。この頃の支配階級には、こんな複雑微妙な関係がある。

日枝神社は先に登場したが（↑第一部〔二・二六事件〕）、実はこの神社の祭礼（山王祭）は平将門（↑第一部〔讃岐国〕、〔断髪令／読売新聞〕、〔両国（武蔵国と下総国）〕、第四部〔芦屋／神戸〕、〔紫式部／適塾／大阪会議〕）を祭る**神田明神**の**神田祭**と並び江戸を代表するものである。かつてフジテレビの『銭形平次』の主題歌の一節に、「どこへ行くのか、どこへ行くのか銭形平次。なんだ神田の明神下で、胸に思案の、胸に思案の月を見る♪♪」というのがあるが、その神田明神界隈の目明しが銭形平次という設定だった。それにしても、その昔、朝廷に反旗を翻した平将門の神社を崇敬した徳川家も肚が座っている。

女義太夫――幼き日の訪問地④
養父の一族のエピソードは当時の社会を伝える。

竹松と兄姉《きょうだい》《東三郎と石川岩吉妻》は貧しい家に成長したと言う。姉は何か水商売をしていたが、《椅子大工の》石川岩吉と馴染んで夫婦になった。……《その》関係で、車大工だった竹松が椅子専門に変わった。……石川夫婦《の長女》せんちゃんは……義太夫《ぎだゆう》に熱を入れた……当時相当流行していた。親の自慢や見栄で人に聞いてもらいたくて、うずうずしていた。そういう連中が夕ダで公開できる神山亭という場所があった。子供の私が連れられて行ったのは迷惑な話だった。……夜だから、冬ならガラス戸越しに、夏なら開放した窓越しに、空の星を見ていた。……新橋駅（初代駅、始発駅）を出る下り汽車の姿は見えぬが、煙の移動で進行を追ったりしていた。

義太夫とは**義太夫節**のこと。浄瑠璃の一派で、江戸時代の**竹本義太夫**に始まった。**女義太夫**とも言い、明治になって大流行した。これを聞かされるのがつらい幼き父は夜空の星や初代新橋駅を出た汽車の煙を見ていた。

明治五（一八七二）年、新橋・横浜（↑第四部（東京駅／横浜駅））間に日本初の鉄道ができた。その折の「汽笛一声新橋を♪♪」の**鉄道唱歌**は有名である。この間二九㎞、所要時間五三分。江戸時代の**十返舎一九**の『**東海道中膝栗毛**』で弥次さん、喜多さんが最初に泊まったのは戸塚宿（日本橋から四二㎞／横浜市戸塚区）だが、お江戸日本橋を出て東海道で泊まる最初の宿場は戸塚宿か、その手前の程ヶ谷宿（保土ヶ谷宿／同三三㎞／横浜市保土ヶ谷区）が一般的だったと言うから、大雑把に言えば、ほぼ一日かけて歩いたところを一時間足らずで行けるようになったというのは、これぞ正に**文明開化**であっただろう。

文久二（一八六二）年に起きた薩摩藩**島津久光**の大名行列と接触したイギリス人一行が殺傷された**生麦事件**（横浜市鶴見区）の際は、島津はトラブルを避けて、当初の宿泊予定だった神奈川宿（同二八㎞／横浜市神奈川区）から急遽、程ヶ谷宿へと変更している。

この新橋駅が今日の山手線新橋駅でないことは父自身が「初代駅」、「始発駅」と書いていることで分かるだろう。初代駅は播磨国の**龍野藩**（脇坂家）、仙台藩（伊達家）、**会津藩**（松平家）の三大名の屋敷が並んでいた跡地につくられた。後述のように（↑第四部（東京駅／横浜駅））、駅名を譲った後は汐留《しおどめ》駅となり、長く貨物専用であった。今は二〇世紀末以降の再開発で汐留シオサイトとなり、日本テレビ本社をはじめとする高層ビルが建ち並んでいる。初代駅舎跡地（龍野藩邸跡）には往時を偲ぶレプリカがつくられている。

初代駅に関わる三藩について述べる。龍野は江戸時代、**野田**、**銚子**、湯浅（鎌倉時代、紀伊国**阿氏河荘《あてがわのしょう》百姓等訴状**で糾弾された**湯浅宗親《むねちか》**の支配地）と並ぶ**醤油**の産地として知られる。また、脇坂家は近隣ということで、赤穂事件で改易となった浅野家から赤穂城の明け渡しの役目を担った。

仙台藩伊達家は伊予国宇和島藩伊達家（→第一部〔伊予国〕）の本家筋で、戦国大名**伊達政宗**に始まる。政宗は豊臣秀吉の**小田原攻め**の際に帰参したことや**支倉常長**《はせくらつねなが》らの**慶長遣欧使節**（→第五部〔ドン・ロドリゴ〕、〔海外旅行〕）を派遣したことで知られる東北の雄。ヨーロッパへの遣使は徳川家を倒すための壮大な国際的スケールの戦略との考えもあるが、その当否はともかく興味深い人物である。

会津藩松平家は江戸時代末期の**松平容保**《かたもり》が有名。**京都守護職**となり、その下に**新撰組**がいた。新撰組と言えば、副長の**土方歳三**は筆者が青春時代を送った東京都日野市の出身（→第五部〔土方歳三、平山季重〕）。そして、隊長の**近藤勇**は東京都調布市の出身。東京（日野市）に出て来たばかりの筆者が入学した日野市立日野第二中学校の同学年に土方君がいた。その時は何とも思わなかったが、さすがに日野である。以来、土方という名字に出会ったことはない。

ところで、この江戸時代末期の京都守護職と鎌倉幕府の**京都守護**（後に六波羅探題《ろくはらたんだい》）を区別せよと言うと予備校的か。

会津藩松平家の祖は**保科正之**《ほしなまさゆき》。父は二代将軍徳川秀忠。父秀忠の正室は先述の浅井三姉妹の江だが、二代将軍は正室が怖かったのか、別の女性が生んだ男児を**甲斐国**《かいのくに》（山梨県）の戦国大名、故武田信玄の娘（見性院《けんしょういん》）に預けた。彼女は妹の松姫《まつひめ》と共に武蔵国（東京都）八王子で育てたと言う。織田信長による武田家滅亡後、松姫はじめ武田遺臣の多くが八王子に逃れていたのであった。この男児は後に**信濃国**（長野県）高遠《たかとお》の保科家に預けられ、保科正之を名乗る。やがてその存在を兄、徳川家光が知るところとなり、兄の引き立てで会津を拝領し藩祖となった。

実は結婚前の筆者が妻と最初の待ち合わせをしたのは、妻の実家に近い信松院《しんしょういん》の入口だった。松姫の墓がこの寺にある。彼女は織田信長の長男信忠が婚約者であったが、本能寺の変（→第一部〔長宗我部元親〕）の折、信忠は死亡した。信松院は信忠の「信」と松姫の「松」の組み合わせだとも言われる。本当だとすると、松姫の気持ちを思えば、ウルっと来る。尤もこのことと筆者の初デートとは関係ない。待ち合わせるのに有名で分かりやすいところにしただけのことであった。

八王子市は松姫や、武田遺臣団で組織された**八王子千人同心**《せんにんどうしん》、あるいは江戸幕府初期の財政を固めた武田遺臣の大久保長安《ながやす／ちょうあん》、さらには豊臣秀吉による小田原**北条氏**（後北条氏）の攻撃時に、**前田利家**（豊臣政権五大老／↑第三部〔加賀前田家／本妙寺／シドッチ〕）、**上杉景勝**（豊臣政権五大老／上杉謙信後継者）、**真田昌幸**（真田信繁〔幸村〕の父）などのオールスター軍に落とされた八王子城などを街の目玉にしている。八王子千人同心の末裔が江戸時代後期に蝦夷地（↑第一部〔拡張する日本〕）に渡り、開発に従事したことが近年、高校日本史教科書に載るようになった。八王子市内の寺院に関係者の墓所がある。

房総 ―― 幼き日の訪問地⑤

養母くまも父を楽しませてくれた。行った先は千葉の勝浦であった。

おくまさんが郷里の勝浦へよく連れて行ってくれた。市電で両国まで行って、それから汽車に約三時間乗ると勝浦である。今は房総半島を汽車が一周しているが、その頃は勝浦が終点であった。その先は海岸の松が目の届く限り続いていた。……磯の香がぷんとして、誠に漁村の気分であった。太平洋の大浪が押し寄せる壮大な浜だった。

房総半島の「房総」は**安房国**《あわのくに》（千葉県南部）と**上総国**《かずさのくに》（千葉県中部）と下総国である。治承四（一一八〇）年、伊豆国で挙兵し、目代《もくだい》（遙任《ようにん》〔遙任国司〕の代理）山木兼隆を討って**平氏政権**に反旗を翻した源頼朝だが、その後の**石橋山の戦い**で平家方の**大庭景親**《おおばかげちか》に敗れ、海路、安房国に逃れた。そして房総で態勢を立て直し、鎌倉に幕府を開いた。落武者頼朝の再起を支えたのは**上総介広常**《かずさのすけひろつね》や**千葉常胤**《つねたね》など房総の武士であった。

先に『椿説弓張月』で紹介した曲亭馬琴には、『**南総里見八犬伝**』（以下「八犬伝」）という超大作もある。南総すなわち上総国の領主、里見家に関わる八犬士を軸に古河公方足利**成氏**《しげうじ》（「八犬伝」ではなりうじと読む）などが登場し、壮大なドラマが展開する。古河公方は室町時代に関東十ヶ国を預かった**鎌倉公方**が分裂し、足利成氏が下総国古河に移って以降の呼び方である。

一方、伊豆国（静岡県）の堀越《ほりごえ》には、室町幕府八代将軍**足利義政**の弟**政知**がいた。こちらは**堀越公方**と言った。関東十ヶ国とは、上野国、下総国、上総国、安房国、相模国、武蔵国、伊豆国と**下野国**《しもつけのくに》（栃木県）、**常陸国**《ひたちのくに》（茨城県）、甲斐国である。

初出は下野国と常陸国である。まず下野国。栃木県選出の衆議院議員（立憲改進党〔↑第一部〔拡張する日本〕〕）であり、かつ**足尾鉱毒事件**で知られる**田中正造**が自叙伝の冒頭で「予は下野の百姓なり」と記したことは有名である。また、奈良時代、**道鏡**《どうきょう》（↑第四部〔須磨／淡路〕、〔和歌山／琵琶湖（高島市）〕、〔若江城〕、第五部〔和気清麻呂〕）が左遷された先が**下野薬師寺**であることもよく知られる。さらには、室町幕府将軍足利氏の発祥の地である足利荘は下野国にある。

常陸国には冒頭で述べた水戸藩（↑第一部〔讃岐国〕）がある。文政七（一八二四）年五月、イギリス人が常陸の**大津浜**に上陸（大津浜事件）。ついで八月には薩摩**宝島**に同じくイギリス人が上陸した（宝島事件）。このため、翌文政八年に江戸幕府は**異国船打払令**（無二念《むにねん》打払令）を出した。高校日本史必修事項である。

室町時代の堀越公方の居所と鎌倉幕府創業の源頼朝を助けた**北条時政**（娘の北条政子が源頼朝の妻）の居所は現地に行って知ったが、同じ場所だった。伊豆一帯を押さえるための地政学的条件は変わらないということか。現地視察は大事である。

曲亭馬琴は上野の彰義隊の戦い（↑第一部〔上野／浅草／向島／堀切〕）の鎮圧に名を残す**大村益次郎**（↑第二部〔鈴ヶ森〕、〔浅草十二階、被服廠跡〕、第四部〔紫式部／適塾／大阪会議〕）の像が立つ九段の**靖国神社**の近くにあった住まいで、『八犬伝』の執筆を始めた。やがて失明したものの、長男の嫁に口述筆記させて完結に至る。この間、二八年。

現在、馬琴と嫁の墓は**後藤新平**（↑第二部〔後藤新平〕）が学長を務めた文京区の拓殖大学の目の前の寺院にある。拓殖大学は日本初の植民地台湾（↑第一部〔拡張する日本〕）の開発、経営を目指してつくられた学校であった。

地引網《じびきあみ》《地曳網《じびきあみ》》と言って付近の者が総出で海中から網をえっさえっさと引っ張ると、相当量の魚があがって来る。すると分け前をくれた。

地引網（地曳網）は網に魚を囲い込んで浜に引き寄せ

て獲る漁法である。九十九里浜が有名だが、その南の勝浦も同様だったようだ。

霊岸島 ― 幼き日の訪問地⑥
はっきりしない記憶もある。

永代橋に近い霊岸島《れいがんしま》から……どこかへ行ったことがある。しかし、行き先はとんと分らない。船が小さかったから勝浦ではなかろうと思う。……船には子供の好きそうな絵本などを売る人がうろうろしていた。何やら名文句で客を突っついていた。

霊岸島は隅田川の河口付近、今の東京都中央区新川。江戸の昔、ここに**河村瑞賢**《ずいけん》が住んでいた。江戸時代の物流の大動脈、**東廻り航路**（東北地方日本海側から江戸への航路）や**西廻り航路**（東北地方日本海側から大坂への航路）を開いたことで歴史に名を残す。

霊岸島は霊岸寺に因む地名だが、この寺そのものは江戸時代の**明暦の大火**（振袖《ふりそで》火事）の後、深川（江東区）に移転した。**寛政改革**の**松平定信**の墓がある。現在、その東隣に深川江戸資料館という屋内に江戸の町並みを再現した興味深い施設がある。また、西隣は清澄庭園。**元禄時代**の豪商**紀伊国屋文左衛門**の屋敷と言われ、その後、関宿《せきやど》藩主久世《くぜ》▲家の屋敷となり、さらに明治になって三菱財閥の岩崎弥太郎（↑第一部〔土佐国〕）の所有となった名園である。

河村瑞賢は明暦の大火の直後、江戸の復興を見込んで、木曽（長野県）の木材を買い占めに走ったと言う。それが後の飛躍の始まりだった。この火事については、この後で何度か触れる。

▲後に**坂下門外の変**で襲われた**安藤信正**と共に老中として幕政を担った**久世広周**《ひろちか》を出した。

霊岸島の西方は茅場町《かやばちょう》である。五代将軍徳川綱吉（↑第一部〔高橋由一、「鮭」〕、第二部〔吉祥寺〕、第五部〔御茶ノ水／千葉〕）の時代、時の権力者**柳沢吉保**（↑第三部〔加賀前田家／本妙寺／シドッチ〕、第五部〔忠臣蔵（西新橋）から白地（阿波池田）へ――写真説明〕）に仕えた儒学者の**荻生徂徠**《おぎゅうそらい》が住んだ。主君浅野内匠頭の仇をとった四十七士に賛美の声が多い中、切腹を主張した。この徂徠の学派を**蘐園学派**《けんえん》、私塾を**蘐園塾**と言う。居住地の茅場町の「茅＝蘐」から来ている。

彼の墓は父が育った虎ノ門金刀比羅宮の前を走る現在の桜田通りを南下し、慶応義塾大学を越えた先の寺院にある。浅野内匠頭や、徂徠の意見で切腹となった四十七士が眠る泉岳寺に近い。

ところで、落語「徂徠豆腐」を聞いて頂きたい。切腹を言った荻生徂徠が「自腹」で恩返しをするという噺《はなし》である。

カチューシャの唄――幼き日の記憶

大正時代初期、まだ父が幼き頃に大流行した歌があった。

「カチューシャの唄」というのが流行した。大正三《一九一四》年だ。「カチューシャかわいや、別れのつらさ♪♪」という文句である。**松井須磨子**の劇が元だったとは、ずっと後年に分かったことだ。入学前の幼童の耳にさえ入るくらい流行した。確かに狂気じみていたという感じを今でも持っている。

「カチューシャの唄」はロシアの文豪トルストイの『復活』の劇中歌である。**流行歌**の先駆けと言われる。

「狂気じみていた」と父は記すが、**松井須磨子**が見たくて人々が殺到したようだ。私小説の代表的作家**徳田秋声**《しゅうせい》が同年、読売新聞に寄稿した一文（『徳田秋聲全集　第19巻』（二〇〇〇年、八木書店）所収）からもカチューシャが極めて大きな社会現象になっていたことが理解できる。C字型のヘアバンドをカチューシャと言うが、これは彼女が演ずるカチューシャが頭に付けていたからだとの説もある。

この劇と歌の成功には**島村抱月**《ほうげつ》（早稲田大学教授）の存在が不可欠だった。抱月が病死すると、不倫の関係にあった松井須磨子は後を追い、自ら命を絶った。須磨子の墓は郷里の長野と早稲田大学に近い新宿区の寺院にある。本名、小林正子。享年三二歳。

第二部　学校時代

【サマリー】
父は大正四（一九一五）年、東京のど真ん中の芝区《現港区》の西桜小学校に入学した。成績は悪かった。卒業後、旧制赤坂中学校に進学、その二年次に人生の断層となる関東大震災に遭遇する。家を失い、日比谷公園のバラックで二年過ごし、郊外の田園地帯の荏原《えばら》郡碑衾《ひぶすま》村（現在の目黒区）に移転した。その後、法政大学に進み、猛勉強で英語をマスターした。
第二部は関東大震災を中心に語られる。

鈴ヶ森 ── 成績不振の父のお守り

父は大正四（一九一五）年、芝区の西桜小学校に入った。成績が悪く、心配した養父らは父を「お首様」へ連れて行った。

私の成績不振は鳥居にも心配をかけた。大森辺にお首様という仏様系のものがあって、信心すると勉強がよくできるようになるというので連れて行ってもらって、お守りやお札をもらって来た。それ以来、勉強中、分からぬことがあると、「お首様、お首様」と念じたものだった。……《家庭教師として》近所の小学校の先生夫婦らしい人に習ったことがある。愛宕《あたご》通りの……文房具店の娘さんにも習った。しかし、二年になっても私の成績は一年の時と大差なかったようだ。

薩摩藩の西郷隆盛と幕府の**勝海舟**の会談の結果、慶応四（一八六八）年四月一一日、**江戸無血開城**がなされた。一五代将軍徳川慶喜は上野の寛永寺（↑第一部〔上野／浅草／向島／堀切〕）から水戸（↑第一部〔讃岐国〕）へ移った。その前日、渡辺健造なる一人の武士が処刑された。
「慶応三年徳川慶喜は大政を奉還したが　幕府譜代の臣或は親藩においては大局を弁せず反旗を翻すとこ

ろとなったので　皇軍は有栖川《ありすがわ》親王宮を総督として征討の軍を起し　江戸城攻撃に当った。其の時……幕臣《ばくしん》(徳川将軍家家臣) 渡辺健造は密偵として混雑の間に紛れこんだが　不運にも捕えられて……斬刹《ママ》され鈴ヶ森に曝首《さらしくび》とな」った (『幕臣渡辺健造供養碑銘』(馬頭観音教会内)) と言う。

後日、渡辺の首は晒された鈴ヶ森の大経寺《だいきょうじ》で「お首様」として信仰された。「首から上の病」に霊験があるという訳で、父の成績不振は該当する。筆者は一度訪れ、お首様の像を拝ませて頂いた。

大経寺は江戸時代の鈴ヶ森の刑場に建つ。前者は慶安四 (一六五一) 年の**慶安の変**で**由井正雪**《ゆいしょうせつ》と共に**浪人**を糾合して江戸幕府を倒そうとしたという人物。後者は恋に落ちた男と再会するために放火したとされ、**元禄文化**を代表する**井原西鶴**の『**好色五人女**』に取り上げられている。

丸橋忠《まるばしちゅう》**弥**《や》や八百屋お七が処刑された。

幡随院長兵衛《ばんずいいんちょうべえ》が「お若えのお待ちなせえやし」と言えば、「待てとおとどめなされしは拙者がことでござるかな」と白井権八が答える歌舞伎の名場面をご存知ないだろうか。この舞台は鈴ヶ森。『**東海道四谷怪談**』で知られる江戸時代後期の**鶴屋南北**の作品である。

寛永寺が江戸無血開城後、彰義隊の抵抗拠点であったことは既述の通り (↑第一部 (上野／浅草／向島／堀切)) だが、先に出て来た有栖川宮 (熾仁《たるひと》) 親王は、この時の西郷の上役 (東征大総督) であった。また、この親王は一四代将軍**徳川家茂**に降嫁した皇女**和宮**の元婚約者であり、明治新政府発足時には**三職**《さんしょく》(総裁、議定《ぎじょう》、参与) のトップの総裁の座に就いている。

父は愛宕通りの文房具屋の娘に勉強を教わったと言う。愛宕山には有名な愛宕神社がある。**大老井伊直弼**を襲撃した**桜田門外の変**の水戸浪士ら一八人は、ここに集結した。わざわざ古地図を持ち出すまでもなく現代の地図で良い。愛宕神社から桜田通りを真直ぐ北上すれば、すぐに江戸城桜田門に行き着くことが分かる。井伊邸は桜田門の目と鼻の先にあった。

愛宕の界隈について種々取り上げれば、愛宕神社の西隣の栄閑院《えいかんいん》に江戸時代の**蘭学者杉田玄白**の墓がある。『**解体新書**』の**前野良沢**《りょうたく》(司馬江漢 (↑第一部 (上野／浅草／向島／堀切)) の蘭学の師) と並ぶ訳者である。次に、南に下れば青松寺《せいしょうじ》。インドネシア独立戦争に参加した日本人に対する**インドネシア共和国初代大統領スカルノ**による顕彰碑がある。有名なデヴィ夫人は同大統領の第三夫人。彼女の日本名はごく一般的なものである。

桜田門外の変は「水戸浪士ら（による）」と、必ず説明に「ら」が入る。これは薩摩藩士が一人いるためである。名は有村次左衛門《じざえもん》。このたった一人の部外者が井伊の首級をあげた。桜田門外の変は水戸の浪士によるものだと勉強する。それはもちろんそうなのだが、実は井伊の首をとったのは「ら」であった。

ついでに、その兄の名は有村俊斎（海江田信義）。先に述べた生麦事件（↑第一部〔女義太夫〕）で瀕死のイギリス人にとどめを刺した。その後、明治二（一八六九）年に大村益次郎（↑第一部〔房総〕、第二部〔浅草十二階、被服廠跡〕）が暗殺されたが、その黒幕だと言われる。彰義隊の鎮圧をめぐって対立した遺恨とされる。

実は俊斎と次左衛門の間にもう一人男子がいる。藩命で切腹した。彼らを有村三兄弟と言う。

寺内正毅 ―― 父に代わる養子

やがて外地から実父が東京に戻り、鳥居夫妻と永瀬一家は同居を始めた。だが、まもなく鳥居は別に一軒構えた。他人の二世帯の共同生活は難しかったのだろう。その後、鳥居夫妻は一人男児を養子に迎えた。長く育てた父が親元に戻り、子のない夫婦は寂しくなったようである。

父帰るというので、《芝区》琴平町八番地の狭い家を引き払って、《芝区》南佐久間町一丁目一番地（現港区西新橋一丁目）の割合広い家に移転して、鳥居、永瀬の二世帯が共に住むことになった。しかし、やがて鳥居は桜田久保町《同一丁目》へ転居した。今《昭和三〇（一九五五）年頃》は、この町名はなく、田村町に統合された《同一丁目》。……やがて鳥居は男の赤ん坊をもらった。どういう蔓《つる》か知らぬが、話では寺内《正毅《まさたけ》》元帥《げんすい》家の執事の隠し子とか言った。……おくまさんがおぶって歩いているのを時折見た。

田村町は田村右京大夫の屋敷があったことから来る。吉良上野介に斬り付けた浅野内匠頭が切腹を命じられたのが田村邸であったことはすでに述べたが（↑第一部〔高橋由一、「鯉」〕）、現在、田村邸跡地に大きな石碑が立つ。また、邸跡に店を構える和菓子屋は「切腹最中」を売っている。人気商品だそうだ。
寺内正毅は長州閥の陸軍大将。**朝鮮総督**などを歴任し、大正時代に首相となった。**シベリア出兵**の折の首相は彼。**米騒動**の責任を取って辞職した。この米騒動で夏の甲子園（全国中等学校優勝野球大会／↑第一部〔長宗我部元親〕）が中止になったと一言添えると、高校生諸君は「それは大変だ」と妙に納得する。

田村邸跡に建つ「浅野内匠頭終焉之地」の石碑〔筆者撮影〕

東京の私立大学——弁護士になった小学校の担任

父の小学校の担任は一年から三年までは藤林幸太郎先生、四年から六年までは関口六郎先生だった。前者は厳格、後者は親しみやすかった。

関口六郎先生は我々が卒業して二〜三年経った時に弁護士試験に合格して開業した。神田三崎町《水道橋駅の南側一帯》の日大（日本大学）の近くに住んでいたから、日大、**中央**《大学》、**明治**《大学》、**法政**《大学》等、どの夜間部にでも通うのに便利だったことだろう。開業したのは《関東大》震災後であったが、それが何と《震災の》火事で焼けた後だから家こそ違え、私が育った鳥居の琴平町八番地であった。

帝国大学と並び、私立大学が近代日本に果たした功績は大きい。皇居（江戸城）の北側に**日本法律学校**（現日本大学）、**英吉利**《イギリス》**法律学校**（現中央大学）、**明治法律学校**（現明治大学）、**東京法学社**（現法政大学）などが軒を並べた。

法政大学の草創期に尽力したフランス法の**ボアソナード**博士は重要である。**刑法**、**治罪**《ちざい》**法**（刑事訴訟法）、**民法**などを起草したことや、**井上馨**（長州閥／外務大臣）の**条約改正**に反対したことなどで知られる。井上の改正案には谷干城（↑第一部〔土佐藩〕）も反対した。現在の法政大学市ケ谷キャンパスには高層ビル・ボアソナードタワーが聳《そび》え立っている。

父が記した大学以外では、すでに述べた慶応義塾（↑第一部〔慶応〕）や東京専門学校（現早稲田大学／↑第一部〔拡張する日本〕）がある。早慶は大正九（一九二〇）年二月、**大学令**に拠る大学となった私立の最初の二校である。それまでは大学と称しても**専門学校令**に拠るものだった。

また、**ミッションスクール**（キリスト教伝道の学校）には立教大学、青山学院大学、明治学院大学などがある。明治学院は**ヘボン式ローマ字**で知られるヘボンが創設した。彼は**生麦事件**（↑第一部〔女義太夫〕）の際、本覚寺（当時アメリカ領事館／京浜急行神奈川駅前の高台）に逃げ込んで来た負傷者を治療している。また、京急東神奈川駅の近くにもヘボン所縁《ゆかり》の寺院がある。

ヘボンのスペルはHepburnである。この片仮名の発音は当時の人々に聞こえた通りの音だろうが、本当はヘップバーンだと、小学生の筆者にヘボン式ローマ字を教えながら父が言ったのを覚えている。遠い過去の記憶である。

京急東神奈川駅が出て来たので、ついでに言うと、駅から南に進むと、神奈川**台場跡**がある。ペリー来航以来、国防のために各地につくられた砲台の一つ。フジテレビのある東京のお台場もその名残である。神奈川台場は今訪れてみると、かつての台場の石組みがまるで今日隣接して建つアパートのためにつくられた塀であるかのように見えるのには苦笑いした。

女子教育では、**岩倉具視**を団長とする**岩倉使節団**でアメリカに留学した**津田梅子**がつくった**女子英学塾**（現津田塾大学）が有名である。

上記の早稲田、慶応、明治、法政、立教の各大学に**東京帝国大学**（現東京大学）が加わり、**東京六大学野球連盟**のリーグ戦が始まったのは大正一四（一九二五）年である。昭和初期、横山エンタツと花菱《はなびし》アチャコの漫才「早慶戦」は**ラジオ放送**を通じて人気を博した。「そりゃあ君、早慶戦と言うたら、何と言うても日本一の試合や」との件《くだり》がある。当時の早慶戦は国民的イベントであった。

帝国大学は九大学であった。**北海道帝国大学**（現北海

早稲田大学キャンパス、秋の一日《ひとひ》〔筆者撮影〕

道大学）、東北帝国大学（現東北大学）、東京帝国大学、名古屋帝国大学（現名古屋大学）、京都帝国大学（現京都大学）、大阪帝国大学（現大阪大学）、九州帝国大学（現九州大学）、京城帝国大学（朝鮮）、台北帝国大学（台湾）である。

吉祥寺――弟の預け賃を運ぶ

大正七（一九一八）年三月、父に弟が生まれた。その後で祖父母は離婚した。父は祖父と芝区に暮らし、幼児の弟は豊多摩郡杉並村天沼（現杉並区天沼）の農家に預けられた。母親が負担した預け賃を父が天沼まで運んだ。

私は、時々、天沼へ使いに行った。《市内電車＝路面電車で》南佐久間町から飯田橋行きに乗って四谷見附で乗り換え、新宿終点で下りて、それから中央線の吉祥寺《きちじょうじ》行に乗り、荻窪《おぎくぼ》で下りて二〇分くらい北東へ歩く。中野までは一〇分置きに発車したが、吉祥寺行きは三〇分経たぬと来ない。そして、中野の次は荻窪で《現在は中野―高円寺―阿佐ヶ谷―荻窪》、その間の長いことといったら呆れるほどだった。

吉祥寺（現東京都武蔵野市）は江戸の大半を焼き、江戸城天守閣まで焼失させた明暦三（一六五七）年の明暦の大火（↑第一部〈霊岸寺〉）の後、江戸の市街整備の一環として、本郷にあった吉祥寺の門前町を武蔵野の郊外に移したことに始まった街である。また、東京都三鷹市に「連雀《れんじゃく》」（上連雀、下連雀）という地名があるが、これも神田連雀町を同様に武蔵野に移住させたものである。

徳川家の支配が固まるまでに**関ヶ原の戦い**や**大坂の陣**（大坂冬の陣、大坂夏の陣）等々があって諸大名の浮沈が激しく、その結果、江戸時代初期は主家を失った浪人（牢人）が蔓延していた。そうした数多《あまた》の浪人の不満を利用して幕府を転覆しようとしたのが、先述の由井正雪や丸橋忠弥らによる慶安の変である（↑第二部〈鈴ヶ森〉）。

ある時、筆者は古地図を見ながらアレレと思った。丸橋忠弥は本郷の吉祥寺の目と鼻の先で槍の道場を開いていた。由井正雪は神田連雀町で兵学の講義をしていた。ひょっとしたら、天下をひっくり返そうとしたとんでもない考えを持った二人に影響されているかもしれない二つの町の人々を、そっくりそのまま江戸郊外の武蔵野の原野に追っ払ったということではないのか。そんなことが閃《ひらめ》いた。いかがなものであろうか。

飯田橋、四谷見附、中野についても一言する。

飯田橋駅の先に神楽坂がある。その一帯に東京理科大学（元東京物理学校）がある。物理学校は先に述べた夏目漱石の『坊ちゃん』（↑第一部（多田源氏））の主人公の母校である。そのキャンパスに隣接する一画に、近代文学に足跡を残す**泉鏡花《きょうか》**と**北原白秋《はくしゅう》**の旧居があった。

泉鏡花は**尾崎紅葉《こうよう》**の弟子。尾崎は**山田美妙《びみょう》**らと共に明治文壇の中心となった文学結社**硯友社《けんゆう》**を作ったが、どうして弟子の鏡花が神楽坂に居を構えたかと言うと、彼は「明治32年、硯友社の新年会で神楽坂の芸妓桃太郎（本名伊藤すず）と親しくな」ったからだと、現在、旧居跡地に立つ説明板にある。この女性は後に正式の妻になるが、彼女が鏡花の長編『婦系図』のお蔦のモデルである。

なお、師の尾崎紅葉は「熱海の海岸、散歩する貫一、お宮の二人連れ♪♪」の歌で知られる『**金色夜《こんじきや》叉《しゃ》**』が有名である。

もう一人の北原白秋は早稲田に学び、明治、大正、昭和を生きた詩人。代表作は童謡集『**トンボの眼玉**』。「海は荒海、向こうは佐渡（↑第二部（能））よ♪♪」の『砂山』や、「この道はいつか来た道♪♪」の『この道』などの作詞でも知られる。

四谷見附の「見附」は見張り番所である。江戸城の西方、四谷の外濠に門があった。現在、四ツ谷駅のすぐ近くに遺構（石垣）がある。

このあたりの外濠の工事に関係した大名に信濃国の真田家がいる。大坂冬の陣、夏の陣で徳川家に抵抗した真田信繁（↑第一部（女義太夫））の一族である。真田濠とよばれる濠に今は水はなく、四ツ谷駅や上智大学（室町時代にキリスト教を伝えたフランシスコ・ザビエルのイエズス会系教育機関）グラウンドになっている。地下鉄丸ノ内線が一瞬地下から外に出た時に見える。明治初期、岩倉具視は赤坂で襲われた。喰違《くいちがい》の変である。この時、彼は真田濠に飛び込み、九死に一生を得た。

この付近は江戸時代には紀伊徳川家、尾張徳川家、井伊家（↑第四部（和歌山／琵琶湖（彦根市）））の屋敷が並んでいたことから紀尾井町と呼ばれた。明治時代に大久保利通が殺された事件は**紀尾井坂の変**と呼ばれる。

尾張家の跡には上智大学がつくられ、井伊家の跡にはホテルニューオータニが建ち、そして紀伊家の跡には東京ガーデンテラス紀尾井町が聳える。そこに「赤坂プリンスクラシックハウス」があるが、それは**大韓帝国最後の皇太子の邸宅**（李王家邸）である。

ちなみに、筆者は父の旧居のあった虎ノ門に近い大久保利通邸跡から襲撃された紀尾井町までおおよそ大久保のたどったルートを歩いたことがある。今、清水谷公園には大久保利通哀悼碑が建つ。

中野にはニックネーム**犬公方**、徳川綱吉の**生類憐みの令**によって保護された野犬の収容所があった。今では中野区役所脇の「犬の石像」と「説明板」で往時を偲ぶしかない。犬小屋は大久保、四谷にもあった。

歌舞伎――小学校同級生①
父の同級生に歌舞伎役者がいた。

渡辺亀蔵を我々は亀ちゃんと呼んでいた。巡業するのか、よく休んだ。……時折……溜池（↑第一部〔活動写真〕）の演伎座に出た。我々学友は最前列にいて、彼が出て来ると、「亀ちゃん、しっかり」などと声援したものだ。……小学校を卒業して数年後、浅草行の電車《市電》が新橋駅《二代目駅》横のガード下を抜けるくらいのところで、吊革につかまった彼の姿を見た。……夏羽織を着て……誰が見ても芸人。……さすがに亀ちゃんとも呼べず、無言で見送った。この兄弟は歌舞伎界の名門であるのかも分からない。その方面には無知なので何とも言えない。

歌舞伎は**出雲の阿国**《おくに》に始まると言われる。**出雲国**は今の島根県。**出雲大社**の巫女だった阿国が安土桃山時代から江戸時代初期に広めた踊りが歌舞伎の起源とされる。当初は女性がやっていたが（女歌舞伎）、江戸時代に風紀を乱すとのことで禁じられた。また十代の若い男性の歌舞伎もあったが（若衆歌舞伎）、これまた風紀を乱すとされ、成年男性の歌舞伎になった（野郎歌舞伎）。こうした経緯があるから歌舞伎には女形（女性を演ずる男性の役者）が必要となった。父の同級生渡辺亀蔵は第四代中村富十郎。高名な女形であった。

第一次世界大戦後の好景気 ―― 小学校同級生②
本間武松という友人は忘れがたい。

もう一人忘れられない学友に本間武松がいた。彼は四～五年生の頃、京橋区《現在の中央区の南部》から転校して来た。……彼の姉が嫁いでいた家へ手伝いに来た……。主人は小林源次郎という新潟出身の人……金物通信社《という会社を経営し》、金属類の相場の変動を……印刷して、読者に毎日《郵送した》。

……主人は九時頃になると、調査と称して日本橋辺のどこかへ行ってしまった。……実に派手な人だった。近所からすべて掛け《後払い》で物を買う。……彼は当時、まだ二五歳に達してなかったろう。奥さん、すなわち、武松の実姉は二〇歳くらいだったが、うちは二百円くらい生活費がいるといつも言っていた。第一次大戦後の好景気時代だった。小林さんの飲むビールは一本二〇数銭だった。……私は遊びに行っては手伝ったので、お礼のつもりか、活動《映画》に連れて行ってもらったり、飛鳥山《滝野川区（現北区）にある桜の名所》へ花見に連れて行ってもらったりした。活動館は一緒に入って、小林さんは上の特等席あたりに納まり、武松と私は下で見る。二つくらい済んで、ちょっと中休みの時になると上からサインがあり、紙が落ちて来る。拾って開けると一〇銭くらい入っている。煎餅でも買えという意味だ。

「第一次世界大戦の好景気」が読み取れる。金属類の相場を扱う業界紙があり、それで生計を立てた小林家があった。二〇代半ばと二〇歳くらいの若夫婦だが、小学生にちょっと与える小遣いが一〇銭。ビールが二〇銭。近所から掛けで買い、月二百円の生活費で、映画や花見を楽しんだ。

「大正新時代の天祐」と井上馨（→第二部〔東京の私立大学〕）が評した**第一次世界大戦**は明治以来の日本の借金が吹き飛ぶほどの未曾有の好景気を招来した。料亭を出る時、「暗くてお靴が分《ママ》らないわ」、「どうだ明るくなったろう」と百円札を燃やして足元を照らすという和田邦坊の風刺画は教科書、副読本でお馴染みだが、この時期、**船成金**などの多くの**成金**が生まれた。和田は金刀比羅様の讃岐の琴平（→第一部〔讃岐国〕）生まれ。**東京日日新聞**（→第二部〔新聞社〕）の記者であった。

遊びに行った飛鳥山は歌川広重の「名所江戸百景」（↑第一部〈上野／浅草／向島／堀切〉）にも描かれている。また、付近に居を構えていた**渋沢栄一**の史料館が現在、飛鳥山公園にある。渋沢は今の埼玉県深谷市の生まれ。明治の実業界に偉大な足跡を残した。**富岡製糸場**、**第一国立銀行**等々、今日の日本を代表する数多くの企業の設立に関与した。

新潟はかつては**越後国**。代表的人物はやはり**上杉謙信**（長尾景虎）だろう。八王子城を攻めた上杉景勝（↑第一部〈女義太夫〉）の叔父である。甲斐の**武田信玄**と**川中島の戦い**で何度もぶつかった。

長尾景虎は**上杉憲政**《のりまさ》から**関東管領**のポストと家督を譲られ、名門上杉を名乗った。関東管領は第一部で言及した鎌倉公方（↑第一部〈房総〉）を補佐する役職で、代々上杉家が引き継いだが、内部の対立が激しく、山内上杉、犬懸《いぬがけ》上杉、扇谷《おうぎがやつ》上杉、詫間《たくま》上杉などに分かれた。応永二三（一四一六）年の**上杉禅秀**《ぜんしゅう》**の乱**の**上杉氏憲**《うじのり》（禅秀）は犬懸家。江戸城をつくった太田道灌《どうかん》は扇谷家の宰相。長尾景虎に譲った上杉憲政は山内家。筆者が神奈川県立上溝南高校で教えたある年の同学年に上杉君と扇谷君がいた。さすが相模国（神奈川県）の高校だと思ったものである。この時には、さらに吉良君までいた。錚々たるメンバーが揃っていた。

太田道灌は「七重八重　花は咲けども山吹の　みのひとつだに　なきぞ悲しき」の歌の伝承で知られる武将である。狩りに出た道灌が雨に遭い、民家で雨具を借用しようとしたら、その家の娘がこの歌を返した。「蓑がない」と答えているのだが、この時、道灌には理解できなかった。後に不明を恥じて歌に精進したという逸話である。この「山吹の里」はどこか。候補地は埼玉県越生町や東京都内の各所にあるものの、そもそも実話か否かが問題ではある。筆者は新宿区「山吹町」という地名が別に訳もなく気に入っている。

伝承の地は曖昧だが、道灌の墓所は神奈川県伊勢原市―中世の荘園、糟屋《かすや》荘―にある。この一帯の実力者糟屋氏の末裔が羽柴秀吉の賤ヶ岳の戦い（↑はじめに〈秀吉の天下への街は父の失恋への街〉、第四部〈和歌山／琵琶湖〈長浜市〉〉、〈賤ヶ岳の七本槍〉）で活躍した若武者（賤ヶ岳の七本槍）の一人、糟屋武則とも言われる。

小林さんは調査と称して**日本橋**方面へ行ったと言

う。「お江戸日本橋七つ立ち♪♪」の日本橋は言わずと知れた五街道の基点である。五街道とは東海道、中山道、甲州道中、奥州道中、日光道中。広重の「東海道五十三次」の最初の絵、「日本橋　朝之景」は余りにも有名だから、ご存知だろう。実は広重はこの日本橋から西へ約八百メートルのところ（現東京都中央区京橋）に一時住んでいた。その隣は幕府御用絵師の狩野派の屋敷だった。筆者は一度訪ねてみたものの、東京駅に近い全くのビル街で、当時を偲ぶ手掛かりは何もなかった。

関東大震災 ― 生活の激変①

父は小学校を卒業し、旧制赤坂中学校（現日大三高）に進学した。そこで人生の断層となる関東大震災を体験した。

《赤坂中学校の》始業式を終えて戻って来た私は弟と一緒に昼飯を……よそいかけた頃、ぐらぐらっと来た。正午に二分前……、大正一二《一九二三》年九月一日午前一一時五八分四四秒。……そのうちにひどく揺れて来た。次に上下揺れ。……その場を動かなかった。……下手に外へは行けない。瓦が降り、地面が割れるかもしれず、電線が垂れて来る……。といって、動かないのが最上の策とも言えない。……生きるも死ぬも天命と言いたい。

……やがて長い日も暮れて来ると、……昼の黒煙はそう恐ろしさを呼ばないが、一度陽が落ちれば、それは天を焦がす真紅の色だ。加うるに、電灯はもちろんつかない。心細い限りだ。親父は《午後》二時頃、戻って来た。……《夜の》九時頃に目ぼしい道具を持ち出して、日比谷公園（←第三部〔昭和恐慌〕）に運んだ。……一時間少々過ぎた頃、私達兄弟はどうにも眠くなって、公園の地べたの上で寝てしまった。……翌朝起きて、南佐久間町の停留場まで来てびっくりした。見渡す限り焼けている。

父が二冬過ごした日比谷公園。東京の人々の喜びや悲しみをずっと見守っている〔筆者撮影〕

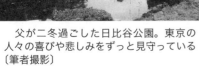

……そうこうしているうちに、公園の広場に板一枚の応急小屋（バラック）ができた。《東京》市が作ったのだろう。……我々はここで、二冬、暮らした。

弟とどこかへ行った帰り、電車がないので徒歩で日比谷へ戻る途中、赤坂中学校の辺り《現鹿島建設ＫＩビル》まで来た時、陽がほとんど暮れて、戒厳令（軍隊の警備）下の歩兵の剣付鉄砲の光が不気味に冴えて、ちょっと凄惨な感じであった。その時、歩きながら手をつないでいた弟はひとしおぎゅっと私の手を握った。余程心細くなったのだろう。……資力のある者は《バラックから》元のところに仮建築して戻って行ったが、残っている者をどうするか。公園の広場をいつまでも、そのままにしておく訳にはいかないのは当然だ。そこで、同潤会という団体が《東京》市外の方々に数十軒のグループの家を建てた。我々は荏原郡碑衾村衾（現東京都目黒区八雲）の同潤会住宅に移転した。

地震直後の様子、被災の様子がリアルに分かる。始業式を終えて帰って来たところで地震だから、九月一日という日付は覚えやすいだろう。戒厳令は非常時に軍が施政権を握るものである。日露戦争後の日比谷焼打ち事件（→第三部〔昭和恐慌〕）、この関東大震災、二・二六事件（→第一部〔二・二六事件〕／第三部〔下田〕）で戒厳が布告されている。

作家吉川英治《よしかわえいじ》は当時、毎夕新聞（→第二部〔新聞社〕）の記者であった。「社屋は灰燼になってしまった。……あの天災がなかったら、私はまだ新聞記者生活を続けていたかも知れない」と後年述懐している（吉川『一つの体験』）。関東大震災が国民的作家（代表作『宮本武蔵』ほか）を生んだことになる。吉川はさらに言う。「あの震災に遭った人々は、すべて転機に立ったのだ。焼跡の岐路から、西に、東に、南に、と思い思いに選んだ道が今日へ来ている」（吉川『人生の転機』）。

父は日比谷公園（→第三部〔昭和恐慌〕）のバラックで二冬過ごした。同潤会▲がつくってくれた荏原郡（現目黒区）の住宅に移り住んだことで、芝区での人生は強制終了となった。東京のど真ん中、芝区南佐久間町から、日比谷公園バラックを経て、郊外の田園地帯に移る運命が待っていた。

▲関東大震災の被災者に住宅を供給するためにつくられた財団法人。

『麗子像』で知られる洋画家岸田劉生《りゅうせい》も被災し、神奈川県の鵠沼《くげぬま》から京都に移住した。かつて筆者が担当したクラスに岸田の子孫だと言う女子がいた。この岸田と共に洋画団体の春陽会を結成した一人に足立源一郎がいる。本書のイラストの一場友花《いちばゆか》さんは足立の妹の曾孫にあたる。一場さんによれば、旧足立邸は登録有形文化財として奈良に今も残る。そして、その隣は奈良にいた頃の**志賀直哉邸**だと言う。

志賀直哉は『**暗夜行路**』や『**和解**』などを代表作とする近代の作家。若き日に田中正造の活動で知られる足尾鉱毒事件（↑第一部（房総））のことで父と対立した。筆者は田中正造に学ぶ市民団体「田中正造大学」事務局長坂原辰男氏の紹介で谷中村残留民関口▲（旧姓水野）コトさんに会い、その証言を小冊子にまとめた。たまたま編集が終わった後にご逝去。これが関口さん唯一の証言録となった。地元の研究者がそれまでに、どういう訳か聞き書きをしていなかった。

関口さんの枕元には小冊子が置かれていたと後日聞いた。重大な歴史の証言の記録に関わったとの思いから、その後、筆者は谷中村長や下都賀郡《しもつがぐん》長の子孫など田中正造と足尾鉱毒事件を巡る人々へのインタビューを始めた。谷中村長の家系には和田日出吉（女優小暮実千代の夫）や画家大野五郎などがいる。後者には八王子のご自宅で話を伺った。これらの調査結果はかつて県立相模原高校公開講座で紹介した。

▲足尾銅山の鉱毒は渡良瀬川に流れ込み、沿岸に多大の被害を出した。田中正造は足尾銅山の操業停止を求めたが、近代化を進める明治政府には応じられない。そこで政府は渡良瀬川の鉱毒問題を治水問題（洪水対策）にすり替え、利根川と合流する少し手前に遊水地をつくることで対処しようとした。こうして谷中村が水没させられることとなった。これに対し十数戸が村内に残留。田中正造と共に抵抗した。その残留民の一人で、村の強制破壊を目撃した最後の語り部が関口コトさん（当時九歳）であった。「実家にお巡りさんが来て、たちまちに壊しちゃっただよ……白い服を着て、一杯来て」。

人生の断層 —— 生活の激変②

《金物通信社の》小林さんの妹にお糸さんという人がいた。私より二〜三年上だった。この人と二人で、夜、散歩したりして、まるで恋人並みだった。……春の目覚めの前夜だったろう。……小林さんはじめ、皆が皆、嫌みのない素直な人達だったことはうれしい限りであった。しかし、大正一二《一九二三》年九月一日の関東大震災は一夜にして、これらの人々と永久の別れを強いた。
……それから、また三〜四年後、私が《荏原郡碑衾村衾の同潤会住宅を出て、少し北の》世田谷区野沢町に住んでいた頃、電車道の向う側のちょっと入ったところに小林源次郎と表札を出した家があった。……決心して「ごめん下さい」と玄関を開けてみた。出て来た人は未知の中年の婦人だった。二言、三言聞いてみて、全くの別人と分かった。世間には同名異人はいくらでもいるものだ。

幼年期の最大の思い出である小林家の人々との交際も震災で瞬時に断ち切られていた。

四〜五年後、バスで武松に出会った時、小林さんは大森辺にいる、お糸さんは死んだと、二〜三分の立ち話で聞いた。これが武松とも最後だった。

死者数、被災者数、被災家屋数、被害の範囲等を教科書や副読本で学ぶのとは明らかに違う関東大震災の姿がここにある。どれだけ社会を揺るがしたか、どれだけ一人ひとりの人生を一変させたか、よく分かる。歴史学習には実感と共感が必須である。

新聞社 ― 社会の混乱①

新聞社の被害も大きかった。

新聞社も多数焼けた。**国民**《新聞》、《東京》**朝日**《新聞》、**読売**《新聞》も、その仲間だ。読売は新築落成の寸前に新旧の両方ともやられた。残ったのは**都**《新聞》、《東京》**日日**《新聞》、**報知**《新聞》等だ。残った新聞社とて活字ケースが倒れ、かつ、電力がなくては、どうにもならない。**万朝報**《よろずちょうほう》、**二六新報**などの明治以来の新聞も……**時事新報**も余り振るわ《なくなった》。

国民新聞は**徳富蘇峰**《そほう》の設立。蘇峰は近代日本を代表する論客の一人だが、**日清戦争**後の**三国干渉**によって、それまでの**平民主義**から**国家主義**に転じた。国民新聞は後に**一県一紙**（一つの県に一つの地方紙）という**太平洋戦争**中の政府方針で、**都新聞**と合併して東京新聞となった。都新聞は**仮名垣魯文**《かなかきろぶん》（代表作『安愚楽鍋《あぐらなべ》』）が編集に携った**今日**《こんにち》**新聞**がルーツ。

朝日新聞は明治初期に大阪で始まる。当時は大阪朝日新聞と**東京朝日新聞**に分かれていた。読売新聞はすでに述べた（↑第一部〔断髪令／読売新聞〕）。**東京日日新聞**は今の毎日新聞のルーツ。徳富蘇峰も編集に関わった。和田邦坊で一度触れた（↑第二部〔第一次世界大戦後の好景気〕）。

報知新聞のルーツは日本の郵便制度の生みの親の**前島密**《ひそか》（一円切手の男性）などによって創刊された郵便報知新聞。今も読売新聞系のスポーツ新聞として存続している。

万朝報は都新聞を辞めた**黒岩涙香**《くろいわるいこう》の設立。日露戦争時に非戦論から主戦論に転じたため、**幸徳秋水**や**堺利彦**が退社して**平民社**を起こし、**平民新聞**を始めたことはよく知られる。**二六新報**は万朝報と並ぶ大衆紙。**時事新報**は福沢諭吉の創刊。かの有名な**脱亜論**は時事新報の社説として公表された。

諸事件 ― 社会の混乱②

NHK（日本放送協会）の前身JOAKが芝浦の東京工芸学校《後継校は千葉大学》から細々と実験電波を出したのは、《関東大震災の》数年後の大正一四《一九二五》年三月二二日のことだから、**ラジオ**のない時代に新聞が止まったら社会はどんなことになるか。すなわち、デマが飛んで無用な恐怖を世人に与えた。

エンタツ、アチャコの「**早慶戦**」がラジオで人気を博したと先に記したが（↑第二部〔東京の私立大学〕）、ラジオ放送（JOAK〔東京放送局〕）の始まりは、父の言う通り、震災後である。ラジオと言えば愛宕山だが、愛宕山の放送局が完成したのは大正一四年七月であり、最初は芝浦の仮放送局だった。この愛宕山が桜田門外の変の一八人の集合場所であったことはすでに述べた（↑第二部〔鈴ケ森〕）。今はNHK放送博物館がある。

デマの最大のものは朝鮮人の暴動説だった。……戒厳令下にありながら、なお東京人は**自警団**を組織して朝鮮人に備えた。誠に薄気味悪い空気であった。日本刀を腰にぶち込んで、怪しいと見れば叩き切るという殺気をはらんだものだった。用件は忘れたが、何かの帰りに、弟と麻布《区》の六本木辺を《夕方》四時か五時くらいに歩いていた時、……数人が抜き身の日本刀を片手に一人の男を全速力で追いかけて行ったのを見た。デマはあくまでデマ……だった。

朝鮮人が襲って来るとのデマで自警団がつくられ、殺傷事件が起きた。その他には震災の混乱の中で、亀戸事件（↑第一部〔博愛社／交詢社／亀戸事件〕）、甘粕《あまかす》事件▲も起きた。この亀戸事件に関係する弁護士が芝区新桜田町に住んでいたとは既述の通りである。

▲憲兵隊甘粕正彦による大杉栄、伊藤野枝、大杉の甥の少年の三人の殺害事件。

浅草十二階、被服廠跡 ― 社会の混乱③

浅草寺の人気が増したらしい。

浅草の観音様《浅草寺》が焼け残《り》……庶民の信仰を一段と高め、お賽銭の上がりが増したそうだ。浅草と言えば名物の《浅草》十二階は潰れた。

当時の記録を読むと、被害を受けた神社仏閣は神仏のご加護がないのだと、人々の信仰が薄れてしまい、一方、被害のなかった浅草寺は人気があがったとある。確かに父の言う通りだ。

崩れた浅草十二階の正式な名称は凌雲閣。この頃の高層建築で、関東大震災の被害の事例としてよく取り上げられる。

墨田区（元本所区）の震災記念堂（戦後は東京都慰霊堂）のある所では約三万八千人焼け死んだ。だから、ここに記念堂を建てた訳だが、……今日では、今次《第二次》大戦の（空襲）死者も合している。《関東大震災》当時、被服廠《ひふくしょう》跡と呼んでいた相当の空地だったそうだから、誰しも安全と思ったのが実は誤りの元だった。火事が大規模過ぎて、空地が孤立して、逃げ口がなくなり、皆、蒸し焼きで死んだ。……竜巻が起こって重い家具類が紙の如く飛んだと言う。人間もだ。全くの地獄図である。ただし、私は聞いただけだ。

関東大震災の犠牲者を祀った震災記念堂は後日、太平洋戦争の空襲犠牲者を合祀して東京都慰霊堂となった。夥しい数の二つの犠牲者を祀った訳だが、実は「震災」と「空襲」は無関係ではないとの研究がある。昭和二〇（一九四五）年三月一〇日未明、一晩で一〇万人の死者を出した東京大空襲は、実は関東大震災時の被害の拡大の状況を参考にして、焼夷弾《しょういだん》（↑第五部〔徳島空襲〕）がより効果的になるように投下計画がつくられたと工藤洋三氏は言う。

ここで思うのが、上野に籠った彰義隊を鎮圧した大村益次郎（↑第一部〔房総〕、第二部〔鈴ヶ森〕）である。緒方洪《こう》庵《あん》の適塾（第四部〔紫式部／適塾／大阪会議〕）出身で元来は医師であるが、同時に近代的軍事に精通した。彼が彰義隊を鎮めるに当たり、江戸時代に数多の死者を出した明暦の大火（↑第一部〔霊岸島〕、第二部〔吉祥寺〕、第三部〔加賀前田家／本妙寺／シドッチ〕）の延焼の様子を参考にして、江戸を焼かぬ戦いを計画した。これで近代日本の首都東京は無傷のスタートを切れた。その一方で未曽有の関東大震災を参考に、東京をより効果的に焼くための空襲が練られたというのだから、言葉がない。

後藤新平 ── 復興

震災後の復興に後藤新平の果たした役割は大きかった。

> 火事で焼けたので、道路の拡張や区画整理……等は割合、楽にできて、数年で東京は立派に復興した。……元《東京》市長後藤新平伯爵は将来を見越して充分の道幅を取ったり、道路を新設したりしたが、すべてすることの規模が大きかったので、「後藤の大風呂敷」と言われた。しかし、三〇年後の今日《昭和三〇年頃》、その道が狭くて交通地獄と言われている。後藤伯は《通信、内務、外務の各》大臣もやり、大正の末年には政治の倫理化を唱えた人で、先見の明のある大政治家だった。

将来の首相候補の一人と目された後藤新平が東京市長を引き受けたのは大正九（一九二〇）年で、関東大震災の発生する少し前の大正一二（一九二三）年四月まで東京市長を務めた。同年九月の震災後は第二次山本権兵衛内閣の内務大臣兼帝都復興院総裁として復興事業の先頭に立った。

この第二次山本内閣は気の毒である。組閣時は震災に見舞われ、最後は摂政宮が狙撃されるという虎の門事件（↑第一部〔断髪令／読売新聞〕）で総辞職した。

上流階級 ── 母の派出先①

東京市内は生き別れた親族を探す人々であふれてい

た。
地震の直後は姓名を書いた札を担いで、人を探して歩く風景が珍しくなかった。母もそうだった。私の名を書いて、旅装束姿で、《日比谷》公園の南佐久間町寄りの道路から入ったすぐのところを歩いている時、私とぱったり出会った。室さん《祖母の勤務先、室看護婦会》方を出て五分後だ。余りに簡単で拍子抜けしたようだが、不幸中の幸いだった。

当時の様子がリアルに分かる。

この時は《母は》原宿の柳原伯爵家《柳原義光。大正天皇の従兄》に派出で行っていたが、一時、暇をもらって来たらしく、また戻って行った。その後、私は《柳原伯爵家を》尋ねて行ったような気もする。……《派遣先は》概して中以上の家庭が多く、お得意様的に決まった家庭もあった。記憶に残っている上流家庭は、上得意の麻布今井町《現港区六本木》の三井男爵家、同じく麻布今井町の中御門侯爵家等だ。

今井町の三井邸は忠臣蔵の浅野家所縁《ゆかり》の氷川神社の東南にある。江戸時代の真田家（↑第一部〔女義太夫〕、第二部〔吉祥寺〕）と相馬家の屋敷跡につくられた。三菱と共に近代日本経済を牽引した三井財閥の三井家本宅である。当時の屋敷の図面を見たが、実に見事な大豪邸である。昭和二〇（一九四五）年五月の空襲で焼失し、現在はアメリカ大使館宿舎になっている。筆者は試しに周囲を歩いてみた。広大な一画であった。

相馬家は鎌倉幕府創業の功臣千葉常胤（↑第一部〔房総〕、第五部〔御茶ノ水／千葉〕）に始まるという家系で、江戸時代は現在の福島県内の一部を治めた。この家には「憲政の神様」と称された尾崎行雄の娘（雪香）が嫁いでいる。尾崎は現在の神奈川県相模原市緑区（旧神奈川県津久井郡）の生まれ。普通選挙運動に尽力し、長く衆議院議員を務めた。明治時代の保安条例や共和演説事件の学習の際に、彼の名を見る。娘の相馬雪香は難民支援で知られた。平成二〇（二〇〇八）年、九六歳で亡くなった。

このあたりの父の手記は、立て続けに後藤新平伯爵、柳原伯爵、三井男爵、中御門侯爵などと上流階級が登場する。爵位は公・侯・伯・子・男の五つ（五爵）で、明治一七（一八八四）年の華族令で定められ、後の貴族院議員選出の母体となった。五爵はそれぞれどんな家か、具体的に見て行く。

まずは公爵。藤原氏の五摂家（近衛、九条、二条、一条、鷹司）、徳川家、薩長藩閥政府の薩摩藩島津家と長州藩毛利家など、名門中の名門。

次に侯爵。薩長土肥（薩摩、長州、土佐、肥前（佐賀県））の土佐藩山内家や肥前藩鍋島家。あるいは、忠臣蔵の赤穂藩の本家である広島の浅野家（↑第一部（両国（武蔵国と下総国）））など。大隈重信は最初は伯爵で、後に侯爵になった。つまり「大隈伯」から「大隈侯」になった。『早稲田の四季』という大学歌の一節に「大隈侯の銅像に　雪の降り積む冬の日は　寒梅《かんばい》かおるキャンパスに　自由の明り燃え盛る」とあるが、この「大隈侯」とは「大隈侯爵」の意。ところで、慶応義塾の福沢諭吉は爵位は固辞した。

伯爵は数が多い。明治政府の元参議で、自由民権運動で知られる板垣退助、既述の戊辰戦争時の「西郷、勝会談」（↑第二部（鈴ヶ森））の勝海舟、愛宕山に集結した一八人に襲われた井伊直弼の井伊家、上杉謙信の家系の米沢藩上杉家などもこれである。

子爵となると一挙に増える。箱館五稜郭で戦った榎本武揚《たけあき》、条約改正で名を残す外務大臣青木周蔵など。

男爵は凄まじく多い。昭和七（一九三二）年のロサンゼルスオリンピックで馬術の金メダルを取り、太平洋戦争中の硫黄島《いおうとう》の戦い（昭和二〇（一九四五）年）で戦死した「バロン西」（baron〔英〕＝男爵）こと西竹一は有名。敵陣にゴールドメダリストがいることを知った米兵が敬意を表して「バロン西、投降せよ」と呼び掛けたが、応じなかったとの話も伝わる。ところで、この「バロン」という単語はジブリ映画『耳をすませば』と『猫の恩返し』で猫の名に使われているから聞いたことがあるのではなかろうか。

ここで、「こう・こう・はく・し・だん（公・侯・伯・子・男）」をマスターして欲しい。最初の二つ（公、侯）は発音が同じで、どちらも「こうしゃく」である。耳ではどちらか分からないから、二番目は「そうろう侯爵」と言う。「侯」の字が「候（そうろう）」に似ているからである。だが、決して「候爵」ではないから気をつけたし。

金融恐慌――母の派出先②

祖母の派出先には興味深い人がまだいる。

地震で市内電車は相当燃えた。……補助の意味で市営《乗合》自動車が生まれた。《アメリカ》フォード《社》の車台に幌を付けただけのもので、その無様な姿から市民は円太郎《バス》と呼んだ。昔《明治時代》、円太郎馬車というのがあったのだそうだ。……両国辺で軍事教練の帰りか何かで、……「学生さん、円太郎にも乗っておくれよ」と言われて、友達数人と乗ったことがあった。……その頃の競争相手は青バスと言って、その会社の社長か重役が《派遣看護婦の》母の得意先だった。麻布我善坊の渡辺という人だった。

麻布我善坊は現在の港区麻布台一丁目界隈。そこに住んでいた渡辺とは昭和の**金融恐慌**の発端となった東京渡辺銀行の系列の一家であろう。「青バス」と呼ばれた東京乗合自動車は渡辺系優良会社だったが、その株価下落が金融恐慌の前兆であったと言う。昭和二（一九二七）年、大蔵大臣片岡直温（↑第一部〔土佐国〕）の「渡辺銀行が破綻した」との失言が金融恐慌の呼び水になったことはよく知られている。父の言う東京市営「円太郎（バス）」は令和二（二〇二〇）年三月、自動車として初の重要文化財に答申された。

筆者はある日、麻布我善坊を散策した。渡辺邸（跡）は分からなかったが、近くに「横川省三記念公園」を見付けた。日露戦争を描いた映画『二百三高地』は日本人男性二人が銃殺されるシーンに始まるが、そのうちの一人を顕彰した公園であった。二百三高地は日露戦争の激戦地で、司令官**乃木希典**《まれすけ》の名と共に記憶されている。

この乃木大将の東京赤坂の住まいの近くの坂が後に乃木坂と呼ばれた。乃木大将夫妻は**明治天皇**崩御の後に自宅で殉死した。この家屋は今も保存されている。夫妻を祀る乃木神社が隣接する。

自由民権運動――父の中学校時代①

震災後、世の中は落ち着かなかった。父はと言えば、住まいは日比谷公園内のバラックで、通う赤坂中学校は校舎再建のため工事のドンドンガンガンの音の中。こんな状態で勉強に集中せよと言う方が無理というものだ。

よく遊んだ。遊び過ぎた。これでよく落第しなかったものだと、今にして我ながら感心している。しかも、まんざらビリでもなかったのだから、不思議なものだ。……全く後味の悪いことだ。友人も一時の悪友はあっても、後々まで交際したものはなかった。……《赤坂中学校の》平江正夫校長は……昔、若気の至りで西郷隆盛方に加勢し官軍に刃向ったのを悔い、一生を教育報国に捧げようと決意したと言う。……後年、……《赤坂中学校は》日大の経営《日本大学第三中学校〔現日大三高〕》となった。

平江姓は熊本県や鹿児島県に多い。平江校長は西郷方として西南戦争に参加したようだ。沼間守一《ぬまもりかず》が設立した自由民権運動のグループの一つ**嚶鳴《おうめい》社**の雑誌に、明治一六（一八八三）年、平江正夫なる人物が『何ヲカ國権擴張ト云フ』という短文を寄稿し、その中で国民のレベルを上げるのに学問の力は当然だが、参政権を持つことも大きな力になると説いている。正しく自由民権運動の主張である。嚶鳴社は後に大隈重信の立憲改進党に合流するが、もしこの寄稿者と校長が同一人物であれば、西南戦争後、**民権派**に共鳴しつつ教育者の道を歩んでいたということになる。

ところで、この沼間守一の来孫《らいそん》（沼間守一の孫の孫の子）という女子生徒がある時、筆者の日本史のクラスにいた。確かに今に残る沼間守一の写真の面影があった。

儒教と仏教――父の中学校時代②

赤坂中学校の修身（今日の道徳）の先生は変わっていた。

三ヶ年続けて習ったが、いつもいつも珍妙な問答を生徒とやるだけだった。一時間に二人くらいの生徒と問答する。……考査問題と来たら、何が飛び出すか、全く分からない。三年生の頃に「儒教と仏教の関係を書け」という問題が出た。こっちは儒教なんて聞いたこともないから、書きようもない。後日、彼氏、これについて曰く、「あの答案は書いた者は零点で、書かなかった者が満点だ」。

何とも個性溢れる先生がいたものだ。中国山東半島生まれの**孔子**に始まる**儒教**は古代朝鮮の**百済**から来た**王仁**や**五経博士**によって四、五世紀に伝えられたと言う。一方、インドに始まる仏教の公伝は六世紀、百済の聖明王《せいめい》によると言う。その年は五三八年（『上宮聖徳法王帝説』など）とも五五二年（『日本書紀』）とも言われる。

それにしても一〇代半ばの少年に「儒教と仏教の関係を書け」とは難問である。しかも、答案を書けば零点で、書かなければ満点とは、この先生との交流そのものが哲学と化している。

なお、「哲学」とは明治の啓蒙思想家で、福沢諭吉らと共に明六社を結成した西周《にしあまね》による訳語である。

能――父の大学時代①

赤坂中学校を卒業して、父は法政大学高等師範部英語科に進学した。

昭和二《一九二七》年三月、私は《赤坂中学校を》卒業した。……《関東大震災後の不安定な環境の中で》不勉強が祟って入試がうまく行かず、結局、二年間、自習して法政へ入った。法政時代は、もりもりやった。死に物狂いの勉強をやった。二四時間中、勉強しなければ寝ていた。寝ていなければ勉強した。法政の先生は、皆、立派だった。他校の先生も多数来てくれた。……専攻の英語以外の教科の先生でも実に立派な人がいた。野上豊一郎先生《に》シェイクスピアや英文学史を習った。……我々の卒業後、能の多年に渉る研究の功により文学博士を授けられた。奥さんが野上弥生子という評論家。

野上豊一郎は戦後、法政大学総長を務める。東京帝国大学出の英文学者で、能の研究者。一時、国民新聞（↑第二部〈新聞社〉）の記者であった。

能は室町時代、観阿弥、世阿弥によって大成された。世阿弥の芸能論『風姿花伝《ふうしかでん》』は余りにも有名である。世阿弥は室町幕府三代将軍足利義満によって庇護されたが、六代将軍足利義教に疎まれ、佐渡島に流罪になった。

佐渡島は往時は島一つで一国（佐渡国）であった。今は新潟県。同様の例は淡路島（↑第四部〈須磨／淡路〉）と隠岐島（↑第一部〈土佐国〉）がある。佐渡には世阿弥以外に、鎌倉時代の日蓮宗の開祖日蓮、承久の乱で鎌倉幕府の打倒を図った後鳥羽上皇方の順徳上皇、さらには正中の変で鎌倉幕府を倒すべく動いた後醍醐天皇側近日野資朝《すけとも》が流されている。

江戸時代には幕府直轄地となり、**佐渡金山**は幕府の財政を支えた。**佐渡奉行**として開発に当たったのが大久保長安（↑第一部〔女義太夫〕）である。江戸幕府の初期の財政安定に貢献した重要人物なのだが、高校教科書にはなぜか出て来ない。

江戸幕府は地方の重要な地を直轄としたが、そうした出先機関を総称して**遠国奉行**《おんごく》と言った。佐渡奉行、**長崎奉行**、**日光奉行**、**伏見奉行**（↑第三部〔歴史の町、伏見へ〕）、**奈良奉行**（↑第四部〔六甲山／奈良／橿原神宮〕）等々がある。

筆者はかつての教え子で、慶応義塾大学文学部国文学専攻在籍中の田原浩史君と一緒に自家用車で佐渡を訪ね、史跡を巡ったことがある。島内で能舞台を随分見掛けたのが印象に残っている。田原君は知的で洒脱な魅力溢れる人物。高校の国語教員になるため教育実習を母校でやったが、彼の授業は初回から完成品だった。高校生を井原西鶴（↑第二部〔鈴ヶ森〕）の世界に惹き込んでいた。こんな実習生は筆者の知る限りでは、後にも先にも彼しかいない。だが、やはり能力は見る人には見える。大学卒業後、テレビ朝日にアナウンサーとして採用された。教員仲間になれなかった。しかし、それから数十年、アナウンス部の管理職を経た彼に、母校の慶応義塾大学から講師の依頼があった。高校と大学の違いはあるものの、教壇に立つことになった。その知性と経験で後進を育てて行って欲しいものである。

野上豊一郎の妻、野上弥生子の名が出て来た。彼女の代表作の一つに昭和の時代を描いた長編小説『迷路』がある。かつて神奈川県立教育センターの教員向け講演で、故黒羽清隆氏（元都立大付属高校教諭、元静岡大学教授）が激賞していた。

佐渡の流罪を紹介したので、あわせて淡路と隠岐にも触れておく。淡路には奈良時代の**淳仁天皇**（↑第四部〔須磨／淡路〕）が流された。また延暦四（七八五）年の**藤原種継**《たねつぐ》**暗殺事件**の**早良親王**《さわら》は淡路配流となったが、到着前に亡くなった。隠岐には鎌倉時代の後鳥羽上皇、**建武新政**の**後醍醐天皇**、それに、平安時代の承和の変（↑第一部〔多田源氏〕）の**伴健岑**《とものこわみね》、遣唐船の乗船拒否の**小野篁**《たかむら》らが流されている。最後の人物は小倉百人一首の「わたの原　八十島かけて　漕ぎ出でぬと　人には告げよ　海人の釣り舟」の**参議篁**である。百人一首は

「**新古今和歌集**」の撰者の一人で、日記「明月記」を残した**藤原定家**の撰になる。

隠岐に流された後醍醐天皇の行在所《あんざいしょ》はどこか。現在二ヶ所候補地がある。一つは西ノ島町の黒木御所。もう一つは隠岐の島町の隠岐国分寺跡。大学時代、筆者は高校、大学と同じ道を歩く友人と隠岐を訪ねた。ユースホステルという若者向けの安価な宿に泊まったが、その夕食の折、「黒木御所は海に近過ぎる」と私が言っていたら、それを耳に挟んだ宿の年輩のオーナーの鋭い視線が飛んで来た。曰く「誰に聞いた」。相当な勢いであった。「いや聞いたのではなく、私の感想です」。「どうして」。「目の前が海だから脱出が容易ではないか。国分寺は島の中だから逃げにくい」。これに対してオーナーは「黒木御所の位置だと井戸水が海水になるから暮らせないのだ」と言った。そして「君は学生か」。「はい」。「どこの大学だ」。「早稲田で日本史を勉強しています」。「そうか」。青春時代のちょっと誇らしい一コマである。印象深い場面は何年経っても鮮明に記憶している。

石門心学 ― 父の大学時代②

父にはもう一人、印象深い師がいた。

教育学及び教育学史を教えてくれた先生に石川謙という人がいた。この人は大学者だった。教師になってから教育学の恩恵を受けた自覚は皆無だが、この人から学に対する熱情を……多量に得たことは大なる収穫だ。帝国学士院の会員で、かつ有栖川家の奨学資金を毎年もらっていた。江戸時代の石門心学（石田梅岩《ばいがん》）を研究していた。

石川謙は日本教育史の研究者。**東京高等師範学校**（後東京教育大学、現筑波大学）を卒業後、アメリカに留学。**東京女子高等師範学校**（現お茶の水女子大学）等で教鞭を取った。彼が研究した**心学**《しんがく》（石門心学）は**石田梅岩**を祖とする思想で、商業あるいは商人としての道を説いた。現代の企業倫理にも活かされていると言う。著書は『**都鄙**《とひ》**問答**』。弟子は**手島堵庵**《てしまとあん》、孫弟子は**中沢道二**《どうに》（↑第四部（佃島／石川島））。父は、後日、一時期、伊豆の小学校に勤務するが、そこで校長と次のような問答があった。

私はある時、I校長から、「教育学を習ったことがあるか」と聞かれた。高等師範部の卒業生としては心外な質問で、真面目に答える気が失せたから、「いいえ、習ったことがありませんから、今、勉強しています」と答えたら、「そうか、しっかりやれ」と言われた。私は心中叫んだ。「西の某、東の石川謙と言われる日本一の大先生に習ったんだ。長生きしろ」。

確かにそれだけの学者である。奨学金を得ていたという有栖川家は有栖川宮熾仁親王（↑第二部（鈴ヶ森））の家系である。

野上、石川の両師以外には英語辞書で知られる岩崎民平の発音が良かったとある。

父は猛勉強の末、昭和七《一九三二》年三月に、法政大学を卒業した。

日本勧業銀行——親父との暮らし

両親の離婚（↑第二部（吉祥寺））で、父と弟にはつらい生活がやって来た。

私の学費も隆三《弟》のそれも、皆、母が出した。ことは学費だけでない。すべて母の負担だった。親父は出していない。法律上は赤の他人の元の女房のおかげだ。……「こいつ《父のこと》は母の息がかかり過ぎている。将来、自分をみるはずがない」というのだったろう。弟に希望を託したと見える節もあった。……例えば、《弟が》世田谷中学《現世田谷学園》に入った時、入学に要する金は勧業債券《日本勧業銀行の債権》を全部（五～六枚）売り払って用立てした。しかし、一回こっきりで、後は全然出さなかった。……自分は不心得のくせに、良い子らを持ったと言えよう。《亡くなるまで世田谷区上馬の借家の》家賃を《父が》払い続け《たが》……、心掛けのよくない割には、子からはさしてひどく扱われなかった。幸せな人だ。

日本勧業銀行とは明治中期に農工業発展のために設立された特殊銀行で、後に第一国立銀行を前身とする第一銀行（いわゆる五大銀行の一つ）と合併して第一勧業銀行となり、今世紀の大型合併でみずほ銀行となった。

鐘紡——養父の最期

父の養父、鳥居竹松は震災後、亡くなった。

鳥居も《関東大震災で》焼け出されて、目黒のお不動さん《目黒不動尊》の辺に一時住まっていた。そのうちに義兄の石川岩吉が死んだので、……権利を買い取って《芝区で大工の》親方とな《った》。……独立して約一〇年、昭和一〇《一九三五》年一月一日に、鳥居は長患いして死んだ。五五才くらいで、若死にだ。こういう善人こそ長生きして欲しかった。……しかし、……《太平洋》戦争を知らなかったのも幸せだったかもしれない。……外出の帰途、軽い脳溢血《のういっけつ》で転がりながら戻って来た。……職人の社会には迷信が多くて困る。医者の目を盗んで、変なものを飲ませたのがよくなかった。……母は京都の武藤絲治《いとじ》宅にいた。戻る訳に行かず、多額の香典を送って来た。

祖母が働いていた武藤絲治は鐘淵紡績《かねがふちぼうせき》社長武藤山治《さんじ》の次男である。鐘淵紡績は通称鐘紡《かねぼう》。今日では馴染みがないだろうが、かつては日本を代表する企業であった。昭和初頭の金解禁をめぐる論争で、武藤山治は日本経済のリーダーの一人として積極的に発言している。

これまでの記述でも分かる通り、祖母の仕事先は上流階級家庭ばかりである。祖母の負担で生活していたということが頷ける。

養母くまは養父の死亡以前にいなくなっていた。大正一〇《一九二一》年か翌一一年頃、養父を捨てて家を飛び出し、故郷の千葉勝浦に戻った。つまり、父母も、養父母も離婚してしまった。そして、さらに関東大震災で、自らの意思など全く関係なく、気が付けば芝区を出て郊外の荏原郡（最初は現在の目黒区。後に現在の世田谷区）で暮らしている。

そして、共に暮らしている父とは反りが合わず、生活を支えてくれる母は京都暮らし。養父は他界、養母は千葉の実家に逃避行だから、幼少期の思い出の詰まった芝区虎ノ門界隈の生活は完全に過去のものとなっていた。

しかも、法政大学高等師範部（既述のように中等学校教員養成課程／↑第一部（拡張する日本））の英語科を卒業した（つまり今なら高校の英語の先生になるために勉強した）ものの希望が叶わず、しばらくの間、つらい時期が続く。この話題は第三部に譲る。

こんな父の青春時代は父の没後、この手記を見付けるまで知らなかった。「親孝行したい時に親はなし」

と言う。筆者の痛恨の反省を踏まえて言う。若いうちから親の半生を聞いておこう。そして親は、今、大切にしよう。

第三部　苦難時代

【サマリー】

昭和七（一九三二）年、父は法政大学高等師範部英語科を卒業した。しかし、教員になれなかった。京都伏見のデパート、伊豆の小学校、東京目黒郵便局等々を転々とした。将来が見えず苦悶した。だが、苦節八年、大阪で悲願の英語教師になった。

第三部は京都伏見、伊豆下河津、東京中目黒での悪戦苦闘である。

昭和恐慌――うまく行かない就職①

世の中は不況に喘《あえ》いでいた。

私は昭和七《一九三二》年に法政大学を出た。世は不景気のどん底に喘いでいた。日比谷公園（←第二部〔関東大震災〕）にはルンペンがうようよしていて、昼でも歩くのは愉快でなかった。

昭和初期、日比谷公園にルンペンが一杯いたと言う。ここは少し前までは父も暮らした震災の罹災者のバラックが並んでいた。さらに遡れば、明治時代の**日露戦争**の講和条約（日露講和条約／ポーツマス条約）に反対した人々が不満を爆発させた日比谷焼打ち事件（←第二部〔関東大震災〕）はここから始まった。東京のど真ん中、皇居の目の前の日比谷公園は、その時々の社会を見続けている。

高等師範部を出た連中も就職先がなく、どんな遠方でも喜んで行ったものだ。私立大学を出た者は就職は困難だった。私の同窓生ですぐ就職できたのは……第一東京市立中学校《現千代田区立九段中等学校》に行った佐藤尉二郎《じょうじろう》君ただ一人であった。尤も小学校には数人行ったが、《高等師範部の本来の就職先の》中等学校（←第一部〔長宗我部元親」）は彼だけだった。……当時「大学は出たけれど」という言葉をよく耳にした。そんな題名の映画もあった。

昭和恐慌で日本社会は閉塞感に覆われた。父が卒業した昭和七（一九三二）年の大学、専門学校の就職率は三八・四％。この前後は昭和四年が五〇・二％、昭和五年四二・二％、昭和六年三六・〇％、昭和八年四二・七％、昭和九年四四・九％。つまり昭和六年、七年は三〇％台で最悪だった。

佐藤尉二郎君の勤めていた第一東京市立中学校（市立一中）は最後の**琉球国王**、**尚泰**の邸宅跡である。**琉球処分**で**沖縄県**となり、東京移住を命じられた尚氏の住まいであった。皇居田安門の目と鼻の先で、靖国神社に隣接する。関東大震災の後、尚氏は渋谷の南平台に転居し（現マレーシア大使館）、その跡地に東京市が市立一中を建てた。旧制九段中学校、新制都立九段高校を経て、現在に至る。ちなみに東京府立一中は現都立日比谷高校である。

筆者はこの学校を二度訪れた。母校は都立武蔵高校だが、担任が都立九段高校に転勤したので訪ねたのが一度目。二度目は区立九段中等学校になってから。周囲の塀に尚氏邸宅の名残があると聞いて、見に行った。邸宅の痕跡について何か資料はないかと、学校に尋ねてみたが、どうもなさそうだった。

歴史の町、伏見へ――デパート勤務①

父は美倉橋《神田川の橋》近くの玩具輸出商でアルバイトした。そうこうするうち、芝区の知人が京都・伏見で始めたデパートで働くことになった。

昭和七（一九三二）年一〇月のある日、私は品川駅から午後一一時頃、下り普通電車に乗っ《て》、……やっこらさと京都へ着いた。勝手が分からないから、駅前から円タク《一円均一のタクシー》で伏見……へ向った。《芝区時代の知人である》木村秀一君が日用品デパート「大一《だいいち》屋《や》」を開いていた。

伏見は豊臣秀吉によってつくられた河川港で、彼は晩年を**伏見城**で過ごした。江戸時代には京都を支える物流の街として栄え、遠国奉行の一つ伏見奉行（↑第二部（能））が置かれた。慶応四（一八六八）年の**鳥羽伏見の**

戦いの舞台である。筆者はある秋の一日、伏見を訪れた。町の民家の壁には、今も鳥羽伏見の戦いの弾痕が残っていた。父のいた大一屋の跡は分からなかったが、有意義な歴史散策となった。

大一屋があったはずの場所のほど近くに有名な寺田屋があった。二つの寺田屋事件の舞台である。一つは薩摩藩の尊攘派に対する同藩島津久光（↑第一部〔女義太夫〕）による弾圧事件。もう一つは坂本龍馬の襲撃未遂事件。伏見奉行の配下が来ているのに気付いた入浴中の龍馬の妻、お龍（↑第四部〔東京駅／横浜駅〕）が袷《あわせ》一枚で龍馬に知らせたという逸話が知られている。この時の傷の治癒のため薩摩藩の船で、二人で薩摩へ赴いたのが日本初の新婚旅行とされる。

龍馬には因縁ある女性がもう一人いる。江戸で通った剣術の千葉道場の娘、さなが彼の婚約者と称して終生独身で過ごしたと言う。筆者はある時、山梨県甲府市にある同女の墓所にお参りに行った。拙宅のある八王子と甲府は近い。だから滅亡した武田家の関係者が八王子に流れ着き、武田遺臣がここで固まる訳である（↑第一部〔女義太夫〕）。

一方のお龍は龍馬の死後、再婚し横須賀に住んだ。墓も横須賀にある。

横須賀は鎌倉幕府北条氏と対抗し、宝治元（一二四七）年、宝治合戦で滅亡した三浦氏の拠点、三浦半島にある。甥の公暁《くぎょう》に鎌倉の鶴岡八幡宮で殺されたという三代将軍源実朝だが、その首塚は鎌倉から離れた神奈川県秦野《はだの》市にある。三浦氏と北条氏の激しい権力抗争の渦の中で、首級がなぜこんなところに来たのか。葉室麟の小説『実朝の首』は面白かった。

ペリーが浦賀に来航し、久里浜に上陸したというのは周知のことだろう。浦賀、久里浜は共に現在の神奈川県横須賀市である。久里浜には大きな上陸記念碑が建っている。ペリー来航後、幕臣小栗上野介忠順《ただまさ》の建議で、海防のため横須賀に製鉄所がつくられた（横須賀製鉄所）。明治になって横須賀造船所となり、さらに横須賀海軍工廠となった。現在は在日米軍基地である。NHKドラマ『またも辞めたか亭主殿～幕末の名奉行・小栗上野介』のエンディングの場所は今も残るドックである。ここでどうしても撮影したいと米軍に依頼したと、演出の吉村芳之氏から直接伺った。

横須賀と言えば忘れてはいけないのが縄文時代の夏島貝塚である。放射性炭素年代測定法で、九四五〇年前という数値が出た。最古の貝塚の一つである。

さらに、明治の時代、**伊藤博文**が**井上毅**《こわし》、**金子堅太郎**、**伊東巳代治**《みよじ》を引き連れて、横須賀の夏島にあった伊藤の別荘で**大日本帝国憲法**の草案をつくった。

父が伏見に向かったのは品川駅からだったとある。**品川**は江戸時代、日本橋を出て最初の**宿場町**。幕末、**品川御殿山**に建設中のイギリス公使館が**高杉晋作**、**井上馨**、伊藤博文らに襲われ炎上したが（イギリス公使館焼打事件）、彼らの集結場所は近くの品川宿の旅籠、土蔵相模であった。また、既述のように（↑第二部〈鈴ヶ森〉）愛宕山に集結して桜田門に向かった水戸浪士らだが、彼らが前夜別れの酒宴を張ったのも、この土蔵相模である。

神奈川台場やフジテレビの台場については、すでに述べたが（↑第二部〈東京の私立大学〉）、品川宿の近くにも台場（御殿山下台場）があった。今は品川区立台場小学校になっている。

土蔵相模は現在は跡地に石碑が立つのみだが、台場小学校などと共に、この一帯は一日歴史散策にちょうど良い。

源義経／同志社――デパート勤務②

大一屋は京都大丸を飛び出した人達がつくった。

> 木村の義兄成田は京都大丸で叩き上げ、相当の地位にいた。……この頃、大丸では数年間、幹部間に営業方針を巡って対立があり、……成田も辞め《て》……「大一屋」を《京都市内の》五条と伏見に作った。しかし、世は極度の不況。五条店は間もなく……閉店。……かくして残った伏見の店は何としても守り抜かねばならない。そんな店に私は行った……私より一ヶ月遅く、浅田一雄という同志社出の文学士が店に現れて主任になった。

京都の五条と言えば、「京の五条の橋の上♪♪」と唱歌『牛若丸』で歌われる若き日の源義経と武蔵坊弁慶の出会いが有名である。五条大橋の通行者から刀を奪い、いよいよ千本目に現れた牛若丸に弁慶は敗れた。以来、義経の従者となり、**陸奥国**《むつのくに》（青森県、岩手県、宮城県、福島県）の**衣川**《ころもがわ》**の戦い**で共に戦死するまで臣従した。尤も橋上の対決はあくまでも伝承である。

同志社は**新島襄**《にいじまじょう》によって京都につくられた関西を代

表するキリスト教系の大学である。

大一屋で、私はかなり恋愛の修行をした。……その頃は**流行歌**の黄金時代だった。……むせび泣くようなメロディーは若人の胸にアピールした。小さな、美しい何とかいう伏見の喫茶店で、食後に、あるいは、一日の勤めを終えてから、一杯のコーヒーを楽しみながら《聴いた》。……青春の血が躍動した。


昭和初期は流行歌の黄金期である。「カチューシャの唄」（↑第一部〔カチューシャの唄〕）を先駆けとする流行歌はレコードの普及と共に流行した。この叙述は昭和初期の父の実際の一シーンを瞼の奥で再現してくれるようである。

大阪／宇治／醍醐――デパート倒産

大一屋は長く続かなかった。

昭和七《一九三二》年の年末の雑踏振りは物凄く、木村は大喜びだったが、翌昭和八年二月、ついに身動きがとれなくなって閉店した。私は居残って、後始末一切を終えて、五月頃、帰京した。……帰京前に、浅田君が「せっかく京都まで来て、大阪を知らないというのは残念だから……」と……、心斎橋筋を歩いたり、大阪城を見学したりした。

四月のある日、……宇治の平等院を見学、醍醐で花見し、宇治川の清流で遊び、帰途に伏見桃山駅食堂で、男達だけで一杯飲んで一日を終わった。いよいよ去る日が来た。……汽車が《京都駅を出てすぐの》東山トンネルを抜ける頃、感激の涙を押え得なかった。……青春の涙でもあった。

大阪城は近代以前は**大坂城**。**石山本願寺**跡地に豊臣秀吉が築城した大要塞であり、大坂冬の陣、夏の陣（↑第二部〔吉祥寺〕、第四部〔若江城〕）の攻防の舞台。現在の大阪城は戦後の復元である。
大阪城の南には難波宮跡《なにわのみやあと》公園がある。「（大化《六四六》）二年春正月甲子朔《きのえねのついたち》、賀正禮畢《がしょうのれいおわりて》、即宣改新之詔曰（即改新之詔《すなわちかいしんのみことのり》を宣《のたま》ひて曰《のたまわ》く）」（日本書紀）という「**改新の詔**」が発せられたのは、ここ**難波長柄豊碕宮**《ながらとよさきのみや》（前期難波宮）である。蘇我氏滅亡のクーデターの翌年正月、**孝徳天皇**、**中大兄皇子**（皇太子）らによって出された。**公地公民**、**班田収**

授などが宣言されたとされる。後に聖武天皇がこの地に宮を造営している（後期難波宮）。東大寺（↑第四部〔芦屋／神戸〕、〔和歌山／琵琶湖〕）の建立で名高い聖武天皇だが、平城京、恭仁《くに》京、紫香楽宮《しがらきのみや》、難波宮などを頻繁に移動したことでも知られる。

宇治の平等院は藤原道長の子の藤原頼通によって建立された。仏師の定朝《じょうちょう》作という平等院阿弥陀如来像は必見。

醍醐は豊臣秀吉が晩年に醍醐寺三宝院付近で催した「醍醐の花見」が知られる。三宝院の庭園は桃山時代の代表的遺構である。

宇治川は小倉百人一首（↑第二部〔能〕）の中でも詠まれている（朝ぼらけ　宇治の川霧　たえだえに　あらはれわたる　瀬々の網代木／権中納言定頼）。また、平安時代末期（一二世紀末）の源平の争乱（治承寿永の乱）の一つ宇治川の戦いでも知られる。先に入京し平家を都落ちさせた木曽義仲（源義仲）を討つべく、源頼朝が弟の範頼、義経を送り、義仲を撃破した戦いである。

もう一つある。一三世紀、後鳥羽上皇（↑第一部〔土佐国〕）が鎌倉幕府に挑んだ承久の乱の際も、宇治川で大きな戦闘が起こった。長雨で溢れた濁流を舞台に激戦となったが、幕府軍が勝利した。この二つの宇治川の戦いも、先述の鳥羽伏見の戦い（↑第三部〔歴史の町、伏見へ〕）も宇治（宇治川）や伏見が京の南方の防衛ラインだからである。

伊豆大島――伊豆の小学校の日々①

東京に戻った父はアルバイトで食いつないだ。そんなところへ伊豆の小学校の先生の話が持ち込まれた。

法政の同窓生に後藤明君がいた。……《彼の故郷の静岡県》賀茂郡のどこかの小学校で勤めないかと言ってくれた。二月か三月かの初め、東京湾汽船の霊岸島（↑第一部〔霊岸島〕）……から伊豆大島経由で下田へ向かった。

伊豆大島は平安時代末期、保元の乱（↑第一部〔讃岐国〕）で平清盛に敗れた弓の使い手で知られる源為朝が流された島。筆者が教員になりたての頃、一度訪れた。既述の通り、曲亭馬琴の『椿説弓張月』（↑第一部〔讃岐国〕）は彼を主人公にした作品である。出版された『椿説弓張月』の挿絵は『富嶽三十六景』で世界に名を馳せる**葛飾北斎**だったから、誠に以て贅沢の限りだった。

北斎の名が出たので、話したいことがある。彼の**「富嶽三十六景」**は有名だが、中でも**「神奈川沖浪裏《なみうら》」**は訪日外国人観光客相手の土産物屋でよく売られている。筆者は縁あって**カンボジア**に五〇回以上渡航しているが（←第四部〔高野山／立命館〕）、何度かこの土産を買って行ったものである。

身延線車中から眺める富士川〔筆者撮影〕

同じく「富嶽三十六景」の「鰍沢《かじかざわ》」も見たことがあるはずだ。ここは**角倉了以《すみのくらりょうい》**によって開削された富士川《ふじかわ》舟運の拠点である。訪ねてみたが、今はただ説明板が立つだけで、往時の繁栄を偲ぶことはできなかった。

筆者は身延《みのぶ》線各駅停車に乗った。身延線は相当な部分が富士川沿いを走るから、この大河がよく分かる。この川を開くことがいかに大事業であったか、眼前にして納得できる。以来、甲斐国、信濃国と**駿河国《するがのくに》**（静岡県）をつなぐ大動脈。鰍沢から岩淵（現静岡県富士市）までわずか半日と言う。その後は岩淵から清水へ、そして清水から大消費地江戸へとつながる江戸時代の物流の幹線となった。

筆者は富士川の景色に魅せられ、後日、再度の身延線各駅停車の旅をした。忘れ難い車窓である。

下田――伊豆の小学校の日々②

下田で関係者に挨拶をして、一旦帰京した。後日、下河津小学校から採用と連絡があったので、再び下田に赴き、そこからバスで赴任地の下河津に向かった。

やがてバスは下田を離れ、「唐人お吉《きち》」で名のある柿崎の玉泉寺《ぎょくせんじ》の辺を過ぎ、《やがて》……ジグザグコースとなっ《た》。……ハンドルを切り損ねたら、どすんと下へ落ちるような箇所の連続である。……これは時にガスがかかる天城越えのルートにも同じことが言える。……やっと目指す河津浜に近付いた。……前面やや東寄りにネズミ色の《伊豆》大島が見える。……砂はあくまで白く、海と空は青い。何と素朴な美景だろう。

下田は言わずと知れた近代日本の開港地。嘉永六（一八五三）年**ペリー来航**、翌年**ペリー再来航**、そして**日米和親条約締結**と事態は進む。この条約で下田は箱館と共に開港され、**総領事タウンゼント・ハリス**が着任し、下田の玉泉寺《ぎょくせんじ》を総領事館とした。ここで一時、身の回りの世話をした女性が「唐人お吉」。下田に行くと、土産物屋はお吉の人形で溢れている。今や下田観光の目玉の女性だが、つらい人生だったようである（↑第三部〔吉田松陰〕）。ハリスはやがて日米修好通商条約（↑第一部〔上野／浅草／向島／堀切〕）の締結に成功する。その後、玉泉寺は閉鎖され、江戸の善福寺（今日トレンディな麻布十番の一帯）に公使館を置く。

この善福寺には福沢諭吉の墓がある。命日には今も多くの慶応義塾関係者がお参りに訪れるようである。筆者の母校早稲田では大隈侯（↑第二部〔上流階級〕）の命日や墓所はどれほど知られているだろう。

善福寺の隣に賢崇寺《けんそうじ》がある。肥前藩鍋島家（↑第二部〔上流階級〕）の菩提寺だが、二・二六事件（↑第一部〔二・二六事件〕、第二部〔関東大震災〕）の処刑者の墓もある。

麻布十番も一日歴史散策にちょうど良い。ある時、筆者の目前を女優浅丘ルリ子さんと思《おぼ》しき女性が颯爽と車に乗り込んだ。それが似合う街である。浅丘さんは満州国新京市の生まれ。父は満州国高級官吏であった。▲筆者の叔父と祖母も後に新京に赴く（↑第五部〔満州国／関東軍〕）。後で話題にする。

▲浅丘ルリ子『私は女優』（二〇一六年、日本経済新聞出版社）六頁～一〇頁

「天城越え」とは伊豆半島の真ん中の天城峠を越えることを言う。

「道がつづら折りになって、いよいよ天城峠に近づいたと思う頃、雨脚が杉の密林を白く染めながら、すさまじい早さで麓から私を追って来た」。

日本人初のノーベル文学賞川端康成の『**伊豆の踊り子**』の余りにも有名な冒頭の一節である。

東京高等師範学校 ― 伊豆の小学校の日々③

父は三年四ヶ月、下河津小学校に勤めた。夏目漱石の『坊ちゃん』（↑第一部〔多田源氏〕）さながらの世界がそ

こにあった。

五月に赴任して、六月に養蚕《ようさん》休暇があった。……毎年およそ一週間らしいが、各家庭から情報を集めて、最も多忙な時に休むのだ。思いがけない休暇に喜んだ私は早速、東京に戻った。母が「馘になったのか」と言うから、とんでもない、これこれだと話して大笑いした。土地ごとに「茶摘み休み」とか「田植え休み」とか、色々あるようだ。

在京中、高師《東京高等師範学校》の付属小学校《現筑波大学付属小学校》を参観した。その後も、こうした機会を利用して、後藤君が知っていた府下の小学校を二つ、家に近い駒沢小学校を見学して歩いた。高師付属小学校の参観は今日に至るまで参考になっている。

養蚕は近代日本の基幹産業である。繁忙期には子供も学校を休んで手伝いをした。

東京高等師範学校は東京教育大学を経て、筑波大学（↑第二部〔石門心学〕）につながる。高等師範学校は中等学校の教員養成であり、小学校教員養成は師範学校だということは、第一部で述べた（↑第一部〔拡張する日本〕）。

師範学校について、手記に、こんなことが書いてある。

H先生という浜松師範《学校》の一部を出た絵のうまい男がいた。しかし、オルガンと来たらまるでだめだった。師範《学校》を出ても、そんなのもいるんだと驚いたり、感心したりもした。

得手不得手というものはある。でも、何となく師範学校の一面がリアルに見える。

慶長小判 ── 伊豆の小学校の日々④

こんな話もある。

二年目に、……女子の四年生を受け持った。約四〇人の中に服装の飛び抜けて悪い生徒がいた。母がなくて、父は金山の労働者だった。伊豆にはあちこちに金山がある。《下河津の奥の》縄地《なわじ》分教場の付近は徳川時代の**慶長小判**を作った金山だ。……《その女児は》成績も悪いし、友も余りなく、劣等感も当然あった。……誰か父兄で一着くれる人はないかと考え……《温泉旅館の》菊水《館》の奥さん《に》……頼んだ。すると、……新調し《て》……くれた。《それをプレゼントに行ったら》、親子は農家の馬小屋に板を張って、蓆《むしろ》一枚の上で生活していた。私の生涯で一番貧しい訪問先であった。

慶長小判は江戸時代初期の貨幣である。下河津の近くにある縄地金山をはじめ伊豆の鉱山は江戸時代初期に大いに掘られ、初期の幕府財政の安定に貢献した。実はここでも大久保長安（↑第一部〔女義太夫〕／第二部〔能〕）がお役に立っている。徳川家への貢献度は非常に大きなものがある。

『吾妻鏡』――伊豆の小学校の日々⑤
こんなことも書いている。

曽我兄弟の《仇討の》話を知らぬ人はないだろうが、兄弟の父、河津三郎は《下河津小学校に近い》谷津《やつ》で生まれた。邸跡は現在、河津八幡神社となっていた。また、この土地は鎌倉時代の歴史と関係が深く、色々伝説的な話もある。

曽我兄弟の仇討ちとは、一二世紀後半、源頼朝が行った富士の裾野《すその》での巻狩《まきがり》（軍事訓練を兼ねた狩猟）で、曽我十郎と五郎の兄弟が父（河津三郎）の仇、工藤祐経《すけつね》を討ち取ったという話。鎌倉幕府の記録『吾妻鏡《あづまかがみ》』に記載がある。室町時代初期には『曽我物語』という軍記物語としてまとめられた。

吉田松陰――伊豆の小学校の日々⑥
こんな歴史もある。

稲生沢村《いのうざわ》《現下田市》には蓮台寺温泉がある。吉田松陰の史跡もある。下田から国外脱出を図って、ここにしばらく潜んでいた。稲生沢川には唐人お吉の「お吉が淵」がある。

長州藩士吉田松陰は松下村塾で高杉晋作や伊藤博文らを育てたことで知られる幕末の思想家、教育者だが、ペリー再来航時（↑第三部〔下田〕）、下田に回航していたポーハタン号に小船で乗り着け、密航を求めたが拒否された。その前にしばらく皮膚病の治療のため、蓮台寺温泉に潜んでいたと言う。

先に触れた唐人お吉（↑第三部（下田））は周囲の偏見の目もあって、最後は身を投げたとされる。彼女を主人公とした小説、戯曲は多い。大正から昭和の作家**山本有三**は戯曲『女人哀歌、唐人お吉物語』を書いた。筆者は一度読んだが、ハリスがハルリスと表記されていたのが妙に記憶に残っている。通訳の**ヒュースケン**も登場する。この通訳は善福寺（↑第三部（下田））に移った後、近くで襲われ、落命した。

実は山本有三の住まいが面白い。当初吉祥寺に住んでいたが、昭和初期に下連雀に転居した。お分かりだろうか、吉祥寺と下連雀、つまり、明暦の大火で江戸から郊外に移転した二つの町を移動している訳である（↑第二部（吉祥寺））。下連雀の邸宅は現在、三鷹市山本有三記念館になっている。

山本の代表作は『路傍の石』。その一節、

「たったひとりしかない自分を、たった一度しかない一生を、ほんとうに生かさなかったら、人間、生まれてきたかいがないじゃないか」

その通りだ。

東北帝国大学、特高――伊豆の小学校の日々⑦

父は「高等師範部」の「英語科」の卒業生である。つまり、「中等学校の教員養成コース（↑第一部（拡張する日本））」で「英語を教える勉強」をした訳である。小学校教員になるコースでない。もちろん小学校に英語教育はなく、そして国語も算数も体操も修身（道徳）も音楽も何から何までやらねばならない。生来不器用な父は小学校教育に馴染めず、苦悩した。

毎日の仕事に自信が持てず、前途に希望も持てず、さりとて辞めても仕方なく、私は愉快でない日々を送っていた。……母の知り合いで、新橋駅《二代目駅》の近くで開業していた……医師……の娘さんの嫁ぎ先が東北帝大を出て、当時、静岡県庁の警察部に勤めていた警部であった。……以前は、どこかの県庁で**特高**の仕事をしていたらしい。……ある時、静岡市の自宅を訪ねた。初対面である。一晩泊めてもらって、翌朝、県庁に連れて行ってもらい、……中学校への就職の斡旋を頼んだ。予想外で大変喜んで帰った。……ところが、その後、何の音沙汰もなく、さっぱりだった。

何とか中等学校の英語の教師になろうともがいている様子が伝わって来る。東北帝大とは東北帝国大学（↑第二部〔東京の私立大学〕）で、かつ特高（特別高等警察）は明治四三（一九一〇）年に幸徳秋水（↑第一部〔土佐国〕）らが明治天皇を暗殺しようとしたといういわゆる大逆事件の後に設置された思想犯の取り締りである。

神戸／浜松――伊豆の小学校の日々⑧

コネで中等学校に移ろうとしたが、失敗した。そんな折、校長と衝突した。小学校勤務に限界を覚えた。そこで縁者に借金し、母校法政大学への再入学を考えた。

《昭和一二（一九三七）年》熱海から東海道線に乗って神戸に向かった。《途中息抜きで》浜松に下車した。……《その後、神戸》元町の《母の義弟の》M時計店を尋ねた。目的は金を借りる相談だった。……《法政大学》高等師範部の一年で卒業する研究科を受験する。そして、そこで就職の世話をしてもらう。そのための一年間の生活費をMに借り《るつもりだったが》断られた。

神戸は平安時代末期、平清盛（↑第三部〔伊豆大島〕）によって大輪田泊《おおわだのとまり》（兵庫津／現神戸港西側）が改修され、日宋貿易の拠点となった。平清盛は一時、平安京から福原京（↑第四部〔芦屋／神戸〕）に遷都したが、それほどまでに、この地を重視した。だが、都の貴族は福原遷都を嫌がった。鴨長明『方丈記』が往時の雰囲気を伝えている。

先に述べたハリスが締結した日米修好通商条約（↑第三部〔下田〕）で兵庫津は開港地となったものの、攘夷主義の孝明天皇（明治天皇の父）の意向で先送りされていた。だが、慶応三（一八六八）年になり、兵庫津の東隣の神戸が開港された。

父が神戸に向かう途中で下車したのが浜松であった。ここは徳川家康の拠点である。京を目指し進軍中の甲斐の武田信玄に対し、徳川家康が戦いを挑んだのが元亀三（一五七三）年の三方ヶ原《みかたがはら》の戦い。敗れた家康は浜松城に命からがら逃げ込んだ。筆者は従来、この時の馬上脱糞《ばじょうだっぷん》や敗戦直後に足を組み、頬杖をついた情けない顔の肖像画を描いたことなどの逸話を授業で語って来たが、これらには異論があるようだ。

市町村合併を経た今日では浜松の話になるが、同市天竜区水窪町《みさくぼ》（旧磐田郡水窪町）には「地頭方」、「奥領家」という地名が残っている。中世の下地中分《したじちゅうぶん》という領《りょう》家《け》（荘園領主）と地頭（在地《ざいち》領主）が土地の支配権を分けたことに由来する。先に紹介した京極家の丸亀藩（↑第一部（讃岐国））は今は香川県丸亀市。その市内郡家《ぐんけ》町にも「領家」、「地頭」という地名がある。こうした事例は各地にある。

丸亀の郡家は「ぐんけ」と読むが、「ぐうけ」との読み方もある。郡家は律令時代の郡司の役所（郡衙《ぐんが》）のこと。丸亀市郡家町はかつて讃岐国那珂《なか》郡の郡司の支配拠点であった。

「こんぴら船々　追手に帆かけて　シュラシュシュシュ
廻れば四国は　讃州《さんしゅう》（讃岐国）那珂の郡《ごおり》　象頭山《ぞうずさん》
こんぴら大権現　一度廻れば」

と歌う香川県民謡「こんぴら船々」は聞いたことがあるだろう。その一節の「讃州那珂の郡」の郡家があった。

郡家（郡衙）が出て来たので、国府《こくふ》（国衙《こくが》）についても触れておく。郡の役所が郡家（郡衙）なら、国の役所は国府（国衙）である。一国の中に郡は複数あるから郡家も複数あるが、こちらは当然一ヶ所。国府、国衙、府中、府内などの地名はその名残である。例えば、国府は愛知県豊川市国府町《こうちょう》（三河国（愛知県東部））、国衙は山口県防府《ほうふ》市国衙町（周防国《すおうのくに》（山口県東部））、府中は東京都府中市（武蔵国）、広島県府中市（備後国《びんごのくに》（広島県東部））、広島県安芸郡府中町（安芸国《あきのくに》（広島県西部））。府内は豊後国《ぶんごのくに》の府内《ふない》（現大分県大分市）など。今話題にしている讃岐国の国府は香川県坂出市府中町である。

広島県府中市に一度行ったことがある。畑中剛《たけし》君は東京に出て来たばかりの筆者が入学した日野市立日野第二中学校で最初に出会った同級生で、無二の親友である。大学生の時、彼の父親の府中市の実家を訪れ、泊めて頂いた。府中市といっても市街地ではなく、斗《と》升《ます》という山中だった。山間の阿波池田で生まれ育った筆者だが、それでも斗升は大変な田舎だった。

その時は何も知らなかったが、後日知ったのは、江戸時代、石見《いわみ》銀山（石見国（島根県西部））で掘り出した銀を運ぶいわゆる「銀の道」（石見銀山街道）の一つで、瀬戸内海側の笠岡に通じるルートがあったということである。ネット上では大仰なビジュアル地図まで掲載されており、そのルートは畑中君の実家のすぐそばを通過していたらしい。

そこで研究書、報告書、論文の類を探してみた。だが、どうにも見付からない。何か変だ。笠岡市のＨＰを見ると、尾道に行くルートは確実だが、笠岡ルートについては「言い伝えがありますが、確認できる資料は見つかっていません」とある。

それではと、笠岡市教育委員会に電話して聞いた。実態はどうだったのか、参考文献を知りたいと。すると、全く記録がない。紹介できる学術書はない。また笠岡市としては、この件について町おこしに活用するようなことは何もしていないとのこと。ネット情報の怖さを知った。ただし、「笠岡から石見への道はありましたよ」と念を押された。石見への街道沿いに畑中君の実家があったということだけはっきりした。

石見銀山は戦国時代に、**尼子**《あまご》**氏**（出雲国）と**大内氏**（周防国）との間で、ついで尼子氏と毛利氏（安芸国）との間で激しい争奪戦が繰り広げられたことはよく知られている。江戸時代に入ると、この銀山開発や運搬ルートの整備に、大久保長安（↑第二部〔安義太夫〕、第二部〔能〕、第三部〔慶長小判〕）がここでもまたお役に立っている。この人物は高校日本史で取り上げて良いと思う。

笠岡市が出て来たので、もう一言。笠岡市西大島に**津雲**《つくも》**貝塚**がある。縄文遺跡で、人骨一七〇体が発見された。ほとんどが**屈葬**《くっそう》であった。

加賀前田家／本妙寺／シドッチ ― 東京に戻る

父は借金を断られた。無念であっただろう。その数ヶ月後、下河津小学校を辞めた。

帰京してから約一ヶ月間、本郷の東大《東京帝国大学》付近の本屋で働いた。……会員組織の雑誌を読む会で、自転車に乗り、三日おきに一軒一軒雑誌を取り換えて回るのだった。……《その後》目黒区原町の本屋へ《も》行った。

本郷の東京帝大はかつては加賀百万石前田家の上屋敷であった。**加賀国**は現在の石川県。前田家は豊臣政権の五大老の一人**前田利家**を藩祖とする。今日、東大には赤門というニックネームがあるが、これは徳川将軍家から正室を迎える際、前田家の門を朱塗りにしたためである。明治初期に大久保利通を暗殺（↑第二部〔吉祥寺〕）したのは旧藩士の島田一郎であった。

隣国の**越中国**（富山県）の富山藩は江戸時代、加賀藩の支藩で、その下級武士出身の安田善次郎が近代の**四大財閥**（三井、三菱、住友、安田）の一つ**安田財閥**の祖となった。彼の寄付でつくられたのが東大の安田講堂である。

東大の北側にはかつて水戸藩と小笠原信濃守（播磨国小笠原氏。第一部〔長宗我部元親〕にある小笠原氏の流れ）の藩邸があった。現在農学部と工学部がある。この一帯が弥生町で、**弥生土器**の最初の発見地にして、かつ**弥生時代**や**弥生文化**の名称はここに由来する。ただし、残念なことに、今日では発見場所が特定できなくなってしまった。現在、工学部の一画にある弥生二丁目遺跡はその有力な候補地とされる。また、そこからちょっと離れたところに「**弥生式土器**発掘ゆかりの地」の石碑が立っている。「このあたり」だということで、「ゆかり」である。

これらキャンパスから少し離れた西方に小石川植物園（東京大学大学院理学系研究科附属植物園）がある。ここは江戸時代の小石川薬園で、この中に**小石川養生所**《ようじょうしょ》があった。八代将軍**徳川吉宗**による**享保改革**の折、**目安箱**の投書がきっかけで設置された貧民のための治療施設である。また、この小石川薬園では同じく八代将軍の時代に、**青木昆陽**が**甘藷**《かんしょ》の試作を行っている。彼の著書は『**蕃藷考**《ばんしょこう》』など。さらには、近代の関東大震災時には広大な植物園に多くの人々が避難した。現在、震災記念碑が立つ。

この近辺はもう少し語りたい。赤門から西へ、すぐ近くに**本妙寺**《ほんみょうじ》跡がある。何度も触れた明暦の大火（↑第一部〔霊岸島〕、第二部〔浅草十二階、被服廠跡〕）だが、その火元になったという寺院である。今は本妙寺坂という地名を残すのみで、坂の途中のマンション前に説明板が立つ。

本妙寺跡から西へ向かい、小石川**後楽園**▲や東京ドーム（共に水戸藩上屋敷）を横目に、三代将軍徳川家光の乳母春日局《かすがのつぼね》（↑第一部〔活動写真〕）に由来する文京区春日を北上すると、文京区小日向《こひなた》に着く。その北東、歩いてすぐが小石川植物園である。

ある日、筆者は江戸時代にキリシタン屋敷（厳禁のキリスト教徒を収容する牢屋敷）があったことを伝える小日向の住宅街の道路の脇に立つ一本の石碑を眺めていた。たまたま犬の散歩をしていたご婦人が「関心がありますか。近所に造詣の深い方がいらっしゃいますよ」と声を掛けて下さった。この一言から興味深い世界を見ることになった。

ご近所とはキリスト教布教のため江戸時代、日本に潜入し、殉教したイタリア人**シドッチ**の殉教の地を守るために、牢屋敷のあった小日向の一画を買い取り、そこに数世代に亘り居宅を構える二軒のご家族だった。こんな方がいらっしゃるのだ。両家を訪問し、詳しく話を伺った。一見普通の自宅の庭がかつての牢屋敷を伝えていた。江戸の昔の井戸も残っていた。

「切支丹屋敷跡」と刻まれた石碑を眺めている時、近所の女性に声を掛けられ、それがきっかけで感動的な世界を知った〔筆者撮影〕

平成二八（二〇一六）年、シドッチの顔が復元された。実はこれは二軒のうちの一軒の道路の向かい側にマンションが建つことになった時、場所が場所だけに建設前の発掘調査を文京区に強く要望したことが通り、その結果、骨が発見された。シドッチだった。地中から骨が出て来たから、まず警察が飛んで来たと言う。

シドッチは宝永五（一七〇八）年、日本（屋久島）に入ってすぐに捕まり、六年後にここで亡くなった。生前、時の権力者**新井白石**が審問したが、それを踏まえた白石の『**西洋**《せいよう》**紀聞**《きぶん》』で、彼の言ったことは分かる。さらに、それから三百年が経過した今日においてなおシドッチを守り続ける人達がいた結果、現代の科学技術を以て遺骨から容貌まで分かった訳である。この一連の事実には深い感銘を受けた。

なお、発掘調査をした早稲田大学教授は新聞報道によれば、学部は違うが筆者と早稲田の同世代で、一週間ほど一緒に遺跡発掘をしたことのある男性だった。

もう一言。遺骨が見付かったマンションの建設地の目の前のお宅は日露戦争時、ロシアの**バルチック艦隊**がシンガポールを通過したことを東京に知らせたという方のご子孫でもあった。

今、筆者の手元に**岩波文庫**『西洋紀聞』がある。これを見ながら、この一節を書いている。ところで、この岩波文庫は山川出版社の『日本史用語集』に載っている。「岩波茂雄が1913年に創業した岩波書店で、27年、ドイツの『レクラム文庫』を手本とし、哲学者の三木清の協力を得て創刊。日本や世界の古典・準古典の名作を、ポケットに入る文庫本として発行」とある。内外の古典を安価に人々に提供し、国民の教養の向上に寄与した訳である。民間の出版社の一企画が高校日本史用語集にあるということから、筆者は岩波文庫なるものの歴史的な意味を再認識した。一九二七（昭和二）年の創刊とあるから、**モガ**（モダンガール）、**モボ**（モダンボーイ）の時代（↑第三部〔祝祭日／トーキー〕）である。

▲日本三名園と言われるのは偕楽園《かいらくえん》（水戸徳川家／水戸市）、兼《けん》六園《ろくえん》（加賀前田家／金沢市）、後楽園（岡山池田家〔↑第一部〔多田源氏〕〕／岡山市）だが、江戸の小石川後楽園は水戸徳川家であり、岡山後楽園とは別物である。ところで、柳沢吉保（↑第一部〔霊岸島〕）の屋敷の**六義園**《りくぎえん》（JR駒込駅近く）は関東大震災も東京大空襲（↑第二部〔浅草十二階、被服廠跡〕）も免れた貴重な大名庭園である。

第一部で河村瑞賢に触れた（↑第一部〔霊岸島〕）。この人物と新井白石には接点がある。山本有三の筆を借りて紹介する（『路傍の石』（↑第三部〔吉田松陰〕）の一節）。

「白石も若い時は貧乏だった。……すると河村瑞賢……今で言ったら、**大倉**《財閥》、いや大倉ぐらいじゃない。三井（↑第三部〔加賀前田家／本妙寺／シドッチ〕）にも負けないくらいのお金持ちだが、その瑞賢が白石を見こんで、自分のところのむこにしようとしたのだ。ちょうど、兄の娘に年ごろの者があったので、それと一緒になってくれるなら、学問研究のために、三千両で買った家やしきを付けて、さしあげましょうと言ってきた。しかし、白石はその三千両をけとばしてしまった。もし三千両にあたまをさげたら、三千両の学者にもなれなかったろう。だが、白石は……一代の大学者になったのだ。どうだこのりいんとした気概は」。

この話から思い出すことがある。筆者は「特定非営利活動法人・インドシナ難民の明日を考える会」を設立し、その代表（理事長）として三〇年余、カンボジア支援を行っているが、その活動の大切なパートナー（副代表）にカンボジア人コン・サンロート氏がいる。国費留学生として日本の専門学校で学び、一旦帰国した。その後、日本の大学で学びたいとの願いを持っていたので、バックアップし、二度目の日本留学となった。そんな彼に、ある時、筆者の知人の著名な会社の社長が言った。「アメリカに留学しないか。費用は僕が一切面倒を見る」。コン氏の力量を評価しての話である。彼はもちろん深く感謝した。だが、断った。そして、奨学金とアルバイト収入で筑波大学（↑第三部〔石門心学〕）修士課程を終えた。

しばらくして真意を聞いた。「有り難い話だった。社長に感謝している。アメリカに行けば、もっと大きな世界が待っていたかもしれない。しかし、自分の人生を自分の思うように決められなくなったら困ると思った。私の人生は私の自由にしておきたかった」。正に独立自尊（慶応義塾の基本精神）である。二〇歳ほど年下だが、筆者はコン氏に一目置いている。

世田谷／姫路——目黒郵便局①

父は瞬時にして生活不安定となった。どうしたものかと思案しているうちに、これまた法政大学同級生の畑中俊夫君の口利きで目黒郵便局の臨時採用となった。郵便局での体験も面白い。

「東京市　渋谷　目黒書店　御中」というような訳の分からぬ宛先があった。《東京市内の》渋谷、目黒、大崎、幡ヶ谷、世田谷など各局の付箋がずらりと貼ってある。たらい回しになっていた。差出人の住所は書いてない。……確実に届けてもらうには宛名ははっきり書くべき《だ》。

今の東京都世田谷区は人口九〇万人超。単独で政令市になれる大都市である。その世田谷区役所に程近いところに吉良氏の世田谷城趾がある。かの忠臣蔵（↑第一部〔高橋由一、『鮭』〕）の敵役の吉良上野介の一族である。ただし、忠臣蔵の吉良は三河吉良、一方世田谷の吉良は奥州吉良で一族内での流れが違う。後者は戦国時代に小田原の後北条氏に服従した後は世田谷や蒔田《まいた》（横浜市南区）の領主であった。

ちょっと興味深い事実がある。世田谷城趾の隣は豪《ごう》徳寺《とくじ》。安政の大獄や桜田門外の変の井伊直弼の墓所である。そこから少し東に歩くと松陰神社。安政の大獄で井伊直弼によって処刑された長州藩士吉田松陰を祀る。つまり、没後の井伊直弼と吉田松陰はご近所さんなのである。日本が国難に直面した時代を生きる中で対立する関係となり、共に落命した二人だが、日本の現状にどのような評価を下すだろう。『恩讐《おんしゅう》の彼方《かなた》に』の関係になっているだろうか。

『恩讐の彼方に』は近代の作家菊池寛の代表作。父が先に菊池寛の作品『父帰る』のタイトルを文中に活用したので（↑第一部〈拡張する日本〉）、息子も倣ってみた。

▲**北条早雲**に始まり、豊臣秀吉の小田原攻撃まで五代続いた関東の雄（↑第一部〈女義太夫〉、第四部〈狭山の後北条氏〉）。「後北条」は鎌倉幕府北条氏と区別する呼称。

また、達筆も程々である。人が読めなければ、届けられない。例えば、年輩の郵便主任が「これは姫路だろう」と言うまで、何人も読めず苦慮したものだ。

姫路（播磨国）は**桃山時代**を代表する国宝**姫路城**が名高い。羽柴秀吉が一時居城とし、その後は織田、豊臣、徳川に仕え、戦国の世を巧みに生き延びた池田家の時の当主**池田輝政**によって大改修された。

輝政の父の恒興は本能寺の変後の清洲会議に参加した織田家の宿老の一人。輝政の孫の岡山藩主**池田光政**は**閑谷《しずたに》学校**（庶民の入学許可）を開き、陽明学の学者熊沢**蕃山《ばんざん》**を登用したことで知られる名君。また池田家は**因幡国《いなばのくに》**と**伯耆国《ほうきのくに》**（共に鳥取県）も支配した。現在、国立博物館に移築されている武家屋敷の門は、この鳥取の池田家のものであった。筆者の近所に池田さんと鳥取さんの二軒が並んでいる。何という訳でもなくおもしろい。

ワシントン海軍軍縮条約――目黒郵便局②

郵便局の話を続ける。

外国宛《の郵便物》はすべて「中央局外国課」に向けた《から手間ではなかった》が、到着《した郵便物》は大変だった。当時は船で来たから、ない時は一つもないが、来たら……外国郵便の山と格闘することになる。それを一つ一つ集配手のために、事務員が鉛筆で町名や姓名を走り書きして行くのだ。ローマ字綴の変な表記が随分あった。……目黒局は外国物が多かっただろうと思う。《旧制》第一高等学校《現東京大学教養学部》、府立高等学校《現都立大学》、海軍技術研究所、農林省研究所があり、かつ個人で外国郵便をもらうような人達（実業家、外交官、大学教授）が数多く住んでいた。

この中の海軍技術研究所は現在の防衛研究所につながる。「海軍技研《海軍技術研究所》は大正十一（一九二二）年のワシントン海軍軍縮条約成立後『量から質へ』の転換を迫られた海軍が兵器の質的向上を図るため、東京築地に……大正十二年春に発足《させたが》……、発足直後、関東大震災で被害を受け……東京目黒に……移転」▲したもの。関東大震災で目黒に来たのだから父と同じだが、震災は多くの人や組織を郊外に移した。今日の目黒区の発展は震災に始まる。

それはさておき、ワシントン海軍軍縮条約で「英米日仏伊」の五ヶ国の主力艦の総トン数が「5：5：3：1・67：1・67」の比率に制限された。これで軍拡が抑えられ、その結果、「量から質へ」の転換を迫られたのであった。

▲中川靖造『海軍技術研究所　エレクトロニクス王国の先駆者たち』（一九九〇年、講談社）三一頁

祝祭日／トーキー――目黒郵便局③

次も郵便局のことである。

官庁だから祝祭日には儀式をやる。しかし、これが私の目に少々変に映じた。……予め練習もせず、楽器もないから仕方ないとはいうものの、だらしない儀式だった。

戦前の祝祭日については、先に三大節（↑第一部〔二・二六事件〕）に触れたが、その他、皇霊祭（春季皇霊祭〔春分の日〕、秋季皇霊祭〔秋分の日〕）、新嘗祭（勤労感謝の日）などがあった。

《目黒郵便局勤務の間》私は必ず他日を期すという気持を捨てず、そのために相当《英語の》勉強した。結果は実力の低下を妨げたのみで、向上まではできなかった。ヒアリングの勉強の意味でトーキーも見たが、余り効果はなかった。

トーキー（↑第一部〔活動写真〕）はすでに述べた。

《友人と一緒に当時住んでいた東横線の》中目黒の喫茶店街を歩き回り、どこそこに美人がいるなどとたわいないことを言いながら、一杯のコーヒーを楽しんだ。……当時は《東京》市内の至るところに喫茶店街があった。神田の神保町《じんぼうちょう》付近にも大集団があった。新宿のムーラン・ルージュ《新宿座》が好きになって……一〇日目の変わりには必ず見に行った。一円少々あれば、一日が楽しく送れた。

神保町とは室町幕府の**三管領**、**畠山家**の家臣神保氏の末裔が後に徳川家の旗本となり、この地域に住んだことに由来する。今日、日本有数の古書店街で知られる。

当時の新宿は「昼の百貨店と夜の**カフェー**《喫茶店》、モダンボーイとマルクスボーイ、新宿駅の群集と長閑な郊外生活、そんな相容れない事物が渾然一体となって存在▲」した街だった。マルクスボーイとあるが、**マルクス主義**は当時の経済的閉塞感（↑第三部〔昭和恐慌〕）もあって、知識人、学生の間に広まっていた。

▲中野正昭『ムーラン・ルージュ新宿座——軽演劇の昭和小史』（二〇一一年、森話社）八〇〜八一頁

父はいくつものカフェーのマッチ箱のラベルをアルバムに貼って残している。これは大正から昭和の初頭にかけて、西洋文化の影響を強く受けた都市に現出した新風俗——モガ（モダンガール）、モボ（モダンボーイ）——の象徴の一つである。そういう目で改めて父の若き日の写真を眺めてみると、背広に山高帽、ロイド眼鏡、つまりモボそのものである。授業でモガ、モボは教えていたものの、まさか己の父がモボだったとは。その時、歴史用語に温かい血が通って行くのを感じた。

大阪へ——悲願達成

郵便局勤務の日々、そこに朗報が飛び込んだ。大阪の学校で英語教師が決まったのであった。

目黒局に勤めて二年二ヶ月、大阪の中井《治》君との話がまとまって、《大阪塚本にある》大阪電気学校《で英語教師としての》勤務が決定した。……嬉しくて一晩中、寝られなかった。生涯最良の日であった。

父は法政大学卒業後、同級生の後藤君の紹介で伊豆の小学校へ行き、同級生の畑中君の紹介で目黒郵便局

で食いつなぎ、同級生の中井君の紹介で大阪電気学校で希望を叶えた。父の人生は法政大学の友人抜きで語れない。

父の人生を眺めて、改めて思う。本書に付き合って下さっている若い世代の諸君、学生時代の友は一切の打算のない友情で結ばれた存在だ。筆者は高校一年の同級生で、その後学部は違うが、同じ早稲田大学に進学した坂倉仁君（後に八王子市教育長）との出会いがあって、今日の我が妻がある。既述の隠岐は坂倉君と一緒の旅であった（↑第二部〔能〕）。勉強に励みつつ、今こそ人生最良の友を得よ。

第四部　関西生活

【サマリー】

昭和一五（一九四〇）年三月末、父は大阪電気学校で英語の教師になるため大阪に来た。当時、母親（筆者の祖母）が神戸にいたので母子で暮らした。父の人生で母親と生活を共にした貴重なわずかな日々であった。だが、突然、思いがけぬ嵐に見舞われ、気が付けば徳島県にいた。

第四部は大阪、神戸を舞台に、関東大震災に次ぐ人生の大きな岐路にぶつかる。

東京駅／横浜駅 ― ついに英語教師①

昭和一五（一九四〇）年三月末、父は東京を発った。

三月二八日午前一〇時半、急行で東京駅を出た。畑中君が横浜《駅》まで送ってくれた。友は有り難い。

東京駅は大正三（一九一四）年に完成した。この新たな始発駅ができたことで、初代新橋駅は役目を終えた。位置の問題 ― 新始発駅東京駅とのつながりの問題 ― から、由緒ある駅名を烏森駅に譲った（第一部〔断髪令／読売新聞〕）。

東京駅の設計は、明治のお雇い外国人、建築学の**コンドル**に**工部大学校**（現東京大学工学部）で教えを受けた**辰野金吾**。東京駅以外に日本銀行本店の設計でも知られる。彼の弟子に**法隆寺再建・非再建論争**の関野貞《ただし》がいる。

師のコンドルの設計では**三井倶楽部《くらぶ》**が有名。コンドルに教わった同期に**迎賓館赤坂離宮**（旧東宮御所）の**片山東熊《とうくま》**がいる。彼らは近代日本の建築を支えた。

辰野金吾は一九一八（大正七）年から一九二〇（大正九）年、世界中で多くの死者を出したスペイン風邪で亡くなった。島村抱月（↑第一部〔カチューシャの唄〕）も、岩倉使節団（↑第二部〔東京の私立大学〕）で津田梅子と一緒に渡米した山川捨松▲も同様である。

▲大山捨松。陸軍大将大山巌《いわお》の後妻。大山巌は西郷隆盛の従弟。

畑中君が同行してくれた横浜駅は現在の横浜駅（三代目）である。新橋駅と横浜駅が日本の鉄道の発祥だが、現在の新橋駅は二代目で、横浜駅に至っては三代目である。新橋駅はこれまで何度も触れたが、ここで初めて横浜駅を話題にする。

日米修好通商条約で神奈川、長崎、新潟、兵庫（↑第三部〔神戸／浜松〕）の開港が決まった。ところが、江戸幕府は外国人との接触を避けるため、東海道から少し南に奥まった寒村の横浜村を神奈川の一部として開港した。

この程度の説明をよく見かけるが、それでは横浜市民はさておき、筆者の過去の経験からすると神奈川県民でも神奈川と横浜の位置関係が案外分からない。県の北部の相模原市あたりの高校生ともなると、得てしてチンプンカンプン。睨まれそうだが、事実である。「県民なをもちて理解せず、いはんや他県民をや▲」だろう。補足する。

▲「善人なをもちて往生をとぐ、いはんや悪人をや（善人でさえ極楽往生できるのだから、悪人が往生できないはずがない）という鎌倉時代の親鸞の悪人正機説を伝える『歎異抄』（弟子の唯円作）の有名な一節を踏まえた。

神奈川宿（↑第一部〔女義太夫〕）は江戸（東京）から見て、現在の京浜急行電鉄（京急）神奈川新町駅や東神奈川駅あるいはＪＲ東神奈川駅の南方一帯から、現在の横浜駅西口の北方の崖（坂）の上にかけての一帯（現神奈川県横浜市神奈川区）であった。この目の前の神奈川湊を開くのが本来だが（神奈川台場（↑第二部〔東京の私立大学〕）はここ）、江戸幕府は南方の横浜村（現神奈川県横浜市中区）を開港場とした。

明治になって鉄道をつくる段になり、最初に東京（初代新橋駅）から向かった先は奥まったところにあるこの横浜港である。かくして、港の近くに横浜駅（初代駅／現桜木町駅）ができた。ところが、東海道神奈川宿から外れた横浜は江戸時代には外国人隔離でよかったが、明治の鉄道建設時には裏目に出た。現在の鉄道路線を見ても簡単に理解できるが、上りであれ、下りであれ、一旦南に下って桜木町駅（初代横浜駅）に行き、それから再度北に向かわないといけないのだから、面倒なこと、この上ない。

　こうして横浜駅の北上作戦が始まった。最初、少し北に二代目駅がつくられたが、関東大震災で被害を受け、さらに北上して現在の三代目駅となった。東海道本線神奈川駅（現在の京浜急行電鉄神奈川駅とは違う）の近くにつくった結果、駅間が短いとして、元々あった神奈川駅が廃止となった。「鄙びた漁村だった横浜村」が「大きな宿場町だった神奈川宿」を乗っ取ったようなものである。

　一方、残された初代駅は「桜木町駅」に名を変えた。今、桜木町駅前には、ここが初代駅だったと語るプレートがある。

　かつて筆者が神奈川県教育委員会の採用試験を受けるべく、郵便物のやり取りをしたその初め、住所を見て目を丸くした。「神奈川県横浜市中区日本大通」。こんな地名があるのか。すごいネーミングだ。近代日本のメインストリートだと自負するかのようだと思っ

広重の絵と現在。全く様変わりしているが、近辺を散策して見ると「原型」が何とか窺える〔筆者撮影・作成〕

た。ＪＲ根岸線関内駅前、プロ野球ベイスターズが本拠地にする横浜スタジアムに隣接する一画である。

歌川広重の『東海道五十三次』の最初の「日本橋朝之景」については先に触れたが（↑第二部〔第一次世界大戦後の好景気〕）、一番目の宿場町品川（↑第三部〔歴史の町、伏見へ〕）を過ぎ、次の川崎宿の次が神奈川宿である。前頁の絵（「神奈川　台之景」）をご覧頂きたい。坂道の左手は崖で海だが、その崖の下が現在の横浜駅西口一帯である。明治の古地図や古写真を見ると、青木橋（第二部〔東京の私立大学〕の本覚寺付近）の先から「鉄道の通る細長い埋立地」が初代横浜駅に向かっている。

また、「神奈川　台之景」に描かれている店が名を変えて今も続いているというから感嘆する。さらには、その店は坂本龍馬の妻のお龍（↑第三部〔歴史の町、伏見へ〕）が働いていたらしい。横浜駅周辺を調べるだけで興味は尽きない。

天下茶屋――ついに英語教師②

翌日、父は大阪に着いた。

午後八時半、大阪駅に無事着いた。かねて中井君から手紙で教えられていた通り、城東線に乗り換えて天王寺駅で下車し、南海電車に乗って堺に向かった。

大阪駅は新橋、横浜に遅れること二年、明治七（一八七四）年に開業し、神戸との間をつないだ。駅の設置場所は西成郡曽根崎村。元禄文化を代表する**近松門左衛門**▲の『**曽根崎心中**』の舞台である。開業当時は田園地帯。今日では想像も付かない。

近松には『**心中天網島**《しんじゅうてんのあみじま》』、『**冥途**《めいど》**の飛脚**《ひきゃく》』、『**国姓爺合**《こくせんやかっ》**戦**《せん》』などの作品もある。筆者が東京（日野市豊田）に出て来た時（↑第五部〔土方歳三、平山季重〕）、隣家の主人が早稲田大学文学部卒で、卒論は近松門左衛門だったと言った。小学生の時、『国姓爺合戦』を絵本で読み、近松の名だけは知ってはいたものの、だからといって何を論ずるのだろうと思った覚えがある。中一の筆者には文学のブの字も分からなかった。

▲この近松門左衛門と井原西鶴（↑第二部〔鈴ヶ森〕）と松尾芭蕉（↑第四部〔紫式部／適塾／大阪会議〕）が元禄の三文人である。

城東線とは大阪駅と天王寺駅間の路線である。当時はまだ環状線になっていなかった。天王寺駅の北方に有名な**四天王寺**がある。飛鳥時代の皇族**厩戸王**（聖徳太子）が**蘇我馬子**陣営で戦い、**物部守屋**《もののべのもりや》に勝った時、建立したと伝えられる。塔、金堂を一直線に並べる**四天王寺式伽藍配置**で知られる。先述の法隆寺再建・非再建論（↑第四部〔東京駅／横浜駅〕）に終止符を打った**若草伽藍**（元の法隆寺）も四天王寺式伽藍配置である。

大阪の地理に通じていないと分からないが、当時は「天王寺駅」と「天下茶屋駅」の間に「南海天王寺支線」があった。従って、天王寺駅から南海電車で堺へ行けた。

天下茶屋とはいかにも由緒ありげな名称である。茶道を大成した**千利休**の師、**武野紹鴎**《たけのじょうおう》が茶室を開き、その後、豊臣秀吉が茶を点《た》てたのが謂《いわ》れらしい。先の「日本大通り」と並ぶ壮大な地名である。

堺——ついに英語教師③

父にビッグプレゼントをした中井治君は堺にいた。

〜堺で下りて、知らぬ土地の夜道を尋ね尋ね行くので、かなり時間がかかった。……東京から見て、のんびりしていると思った。やっと中井君の下宿……を尋ね当てたが、まだ帰っていなかった。……待つこと一時間余、戻って来た彼はいきなり、何をぐずぐずしていたかと……文句を言った。

父が到着した堺は歴史的都市である。古代では**大仙**《だいせん》**陵**《りょう》**古墳**（大山古墳／いわゆる仁徳天皇陵（↑第一部〔多田源氏〕、第五部〔徳島空襲〕））がある。数値的な規模は教科書や副読本で分かるが、筆者は実際に一度周囲を巡って、その大きさに感嘆した。海上からの視線も意識したようで、その威容をはっきり見せるためなのだろう、海岸線に並行して築かれている。

堺は室町時代には**勘合貿易**（日明貿易）の拠点であった。**管領・細川氏**と結んだ堺の商人と、周防国の**大内氏**と結んだ**筑前国**（福岡県）の**博多**の商人が激しく対立した。両者が相手先の明（中国）でぶつかったのが**寧波**《にんぽー》**の乱**である。博多商人と言えば、足利義満（↑第二部〔能〕）が明に派遣した使者の一人に**肥富**《こいつみ》がいる。

なお、**長門国**も山口県で、周防国と二つまとめて防長二州と言う。

平成一三（二〇〇一）年のＮＨＫ大河ドラマは「**北条時宗**」であった。この作品の演出、吉村芳之氏（↑第三部（歴史の町、伏見へ））から興味深い話を伺った。大河ドラマは年間五〇本近くつくる大作。だから大河の主人公にと色々な候補の名が氏の耳に届くが、そう簡単には長丁場のドラマ化はできない。**元寇**（**蒙古襲来**）がテーマに浮上した時、鎌倉（北条時宗）と大陸（フビライ・ハーン）をどう絡められるのかと、吉村氏は思案した。資料を読み漁っていると、先に死んだはずの時宗の庶兄の時輔《ときすけ》が生存しているという説があるのを知った。そこで彼を生かして大陸との接点を考えた。しかし、まだ弱い。そこで、さらに調べていると、博多で活躍する謝国明《しゃこくめい》なる中国（南宋）出身の商人がいた。博多など北九州一帯は古代の**大宰府**▲（↑第一部（讃岐国））や防衛施設の**水城**、**大野城**などが残る大陸との接点であり、かつ、この元寇で博多は被害を被っている。博多抜きでは、このドラマは成り立たないが、そこに打って付けの中国商人を見付けた。この時、これで一年行けると確信したと言う。

▲古代、**遠**《とお》**の朝廷**《みかど》と呼ばれた大陸外交の窓口。表記は大宰府。所在地は福岡県太宰府市。注意すべき同様の事例は鎌倉幕府二代将軍源頼家が幽閉された**修禅寺**。所在地は静岡県伊豆市修善寺。

筆者が早稲田でご指導頂いた瀬野精一郎先生は九州大学のご卒業。講義中、蒙古の襲来への備えである**異**《い》**国警固番役**《こくけいごばんやく》に話が及んだ時、「福岡市には『警固《けご》』という地名が残っている（福岡県福岡市中央区警固）。異国警固番役は今は『異国ケイゴ番役』と読むが、もともとは『異国ケゴ番役』かもしれない」と指摘されたのを覚えている。

後年、防府市の地図で周防国衙跡（↑第三部（神戸／浜松））を見ていると、近くに「警固《けいご》町」（山口県防府市警固町）という地名があった。九州北部から離れた防府にまで蒙古の備えがなされていたのかと思ったが、そうではなかった。こちらは毛利氏の水軍の船手組《ふねてぐみ》の宅地に由来するものだった。慶長九（一六〇四）年、毛利氏の居城は徳川氏によって、この地域の中心地の**山口**▲1でもなく、海上交通の盛んな瀬戸内海側でもなく、日本海に面した萩《はぎ》とされた。この結果、萩から瀬戸内海へ出るのに三田尻《みたじり》（現防府市内）が最短であったことや防長二州の中心に位置していたことから、慶長一六年以来、毛利氏の水軍の拠点とされた。▲2 地図を見ると、萩、山口、三田尻がほぼ一直線であることが分かる。

▲1　かつての大内氏の拠点。日明貿易で繁栄。小京都と称される。ザビエル（↑第二部〔吉祥寺〕）も滞在。

▲2　防府市史編纂委員会『防府市史　通史2（近世）』（一九九九年、防府市）三三頁～四〇頁。

警固が船手組に由来するとの情報は防府市に親族がお住まいの知人の佐伯《さえき》実穂さんから得た。**佐伯氏**は古来の名族である。佐伯と聞くと筆者はヒロシマ・ナガサキと学校をつなぎ、被爆体験を若い世代に伝えることに尽力された江口保さんの紹介で知り合った被爆者佐伯《さいき》敏子さんを思い出す。

また、佐伯は平清盛（↑第三部〔伊豆大島〕、〔神戸／浜松〕）に保護された安芸国（↑第三部〔神戸／浜松〕／周防国の東）の**厳島《いつくしま》神社**の神主家の名乗りでもある。同社は海中の大鳥居や**平家納経**で知られる。そして、厳島は**毛利元就《もとなり》**と**陶晴賢《すえはるかた》**の決戦（厳島の戦い）の舞台となった。

この厳島の南に周防大島がある。江戸時代、幕末の動乱の折の第二次長州征討（↑第一部〔慶応〕、第五部〔広島〕）を長州藩の側からは「四境の役」と言う。これは幕府軍が長州に攻め込んだのが山陰の石見国（↑第三部〔神戸／浜松〕）の「石州口」、厳島神社のある安芸国の芸州口、その南の周防大島の「大島口」、そして、北九州の小倉口（↑第五部〔広島〕）の四ヶ所だからである。この中で最初に攻撃を受けたのは大島口であった。つまり、第二次長州征討は周防大島から始まった訳である。

この島は筆者が主宰する「特定非営利活動法人・インドシナ難民の明日を考える会」（↑第三部〔加賀前田家／本妙寺／シドッチ〕）の重鎮、上坂寿子さんの故郷である。上坂さんは筆者が右も左も分からない新米教員の一年目に進路指導に関わった上坂篤君の御母堂だが、このご縁で、以来四〇年来の御高誼を賜っている。教師冥利に尽きるとは、このことだろう。

周防大島は瀬戸内海で活動した史上名高い村上水軍の島である。江戸時代には既述の長州藩毛利氏の船手組となっていた。かつて上坂さんが入学した旧制女学校にカッパという渾名の男性の体育の先生がいらっしゃった。その名は村上先生。村上水軍の末裔を自負していた。

上坂さんの話を踏まえ、地図で周防大島を仮想の旅をした。案内書によれば、島内に今も長州征討時の砲撃の跡が残っている。実際その地を訪れなくとも、そこに関係した方の話を元に紙上の旅が出来る。一度やってみて頂きたい。なかなか面白いものである。

最後にもう一言。第二次長州征討には八王子千人同心（←第一部〔女義太夫〕、第五部〔徳島空襲〕）も行っている。研究書には従軍者一人ひとりの名が記されている。

話を戻す。日明貿易で栄えた堺も博多も自治都市である。堺は有力商人**会合衆**《えごうしゅう》によって町の運営がなされ、宣教師**ガスパル・ヴィレラ**が「此町はベニス市の如く執政官に依りて治めらる」とヨーロッパに報告したことはよく知られている。先の千利休や武野紹鴎（←第四部〔天下茶屋〕）も堺の商人である。

この町を屈服させたのは織田信長であった。足利義昭を一五代将軍に据えた信長は新将軍に対して堺、**草津**、**大津**（←第四部〔和歌山／琵琶湖〕）の支配の承認を求めた。いずれも交通の要衝である。そして、堺に対して猛攻撃を仕掛けた。

本能寺の変（←第一部〔長宗我部元親〕）の折、徳川家康は堺にいた。変事を知り、這々《ほうほう》の体《てい》で三河国の岡崎城に逃げ帰った話は非常に有名。伊賀越えと言う。**伊賀国**は今の三重県である。

なお、**伊勢国**も三重県。**伊勢神宮**や**伊勢神道**、あるいは**伊勢平氏**（平清盛の流れ）、**伊勢長島一向一揆**などを学習する。

堺は江戸時代には幕府の直轄地で、遠国奉行（←第二部〔能〕）の一つ**堺奉行**が置かれた。

近代では、**『君死にたまふこと勿《なか》れ』**の**与謝野晶子**が堺

本能寺の変で死亡した織田信忠（織田信長の嫡男）の婚約者だった松姫（武田信玄の娘）の墓がある信松院。妻の実家に近い東京都八王子市台町にある。筆者が妻と初めて待ち合わせた場所（第一部「女義太夫」参照）

の出身。「旅順口包囲軍の中にある弟を歎きて」というこの詩の一節に「堺の街のあきびとの　旧家をほこるあるじにて　親の名を継ぐ君なれば　君死にたまふことなかれ」とある。晶子を批判した大町桂月が土佐出身であることはすでに述べた（↑第一部〔土佐国〕）。

芦屋／神戸――ついに英語教師④

父は早速、赴任校に挨拶に行き、その後で母に久々に会った。

翌朝、手土産を持って大阪電気学校の本校を尋ねた。……山崎校長に面会して色々話を聞いた。……学校を辞した私は、次に母を訪ねるために、阪急電車の芦屋で降りた。当時は精道村である。後に《昭和一五年一一月》合併なしの一村独立で芦屋市となった。そんな例は全国でも稀だと言う。それもそうだろう。下りた駅前で、へへえ、これで村ですかと、びっくりした。実質的に都市の形態であった。

室町時代の初期、芦屋で摂津打《うち》出《で》浜《はま》の戦いという「**足利尊氏・高師直《こうのもろなお》**」と「**足利直義《ただよし》**（尊氏弟）」との合戦があった。**観応《かんのう》の擾乱《じょうらん》**という幕府内の対立が招いた一連の戦いの一つである。尊氏と直義は同父母の兄弟なのだが、激しく対立した。最後には尊氏が弟を鎌倉で毒殺したとされる。

高師直は足利家執事で、幕府成立当初、強大な権力を誇った。佐々木道誉と並ぶばさら大名（↑第一部〔讃岐国〕）の代表格の一人であるが、彼は本来の室町時代史においてよりも、江戸時代の**竹田出雲**らの「**仮名手本忠臣蔵**」で吉良上野介（↑第一部〔高橋由一、「鮭」、〔両国（武蔵国と下総国）〕〕）の役を担わされたことの方で有名だろう。「仮名手本忠臣蔵」の竹本座（竹本義太夫（↑第一部〔女義太夫〕）が開設）での初演は寛延元（一七四八）年。四六年前の元禄一五（一七〇二）年に起こった討ち入りを題材にするのだから、時代設定を室町時代にずらす配慮をした訳である。

母の派出先はすぐ分かった。久しぶりの対面だった……。《以後一年八ヶ月、母の借家の》神戸市湊東区楠町《現神戸市中央区》で母子で暮らした。

父と祖母が暮らした楠町は鎌倉幕府滅亡から室町幕

府草創期にかけて活躍した河内国の武将**楠木正成**に由来する。**湊川《みなとがわ》の戦い**で自害した彼を祀る湊川神社がこのすぐ近くにある。

都を追われた足利尊氏は九州で再起して東上した。これを**後醍醐天皇**方の楠木正成が建武三《足利尊氏方》・延元元《後醍醐天皇方》（共に一三三六）年、摂津国湊川において迎撃したが、敗れて自刃した。芦屋市の打出浜にせよ、神戸市の湊川にせよ、この一帯が山城国の防衛ラインであった。

かつての平安時代末期の源平の争乱（↑第三部〔大阪／宇治／醍醐〕）における**一の谷の戦い**も神戸市。都落ちした平氏が九州で再起し、都を目指して東上して来たのを源義経が迎撃した戦いであり、足利氏と平氏の動きは大筋では同じである。ただし、足利氏は勝ち、平氏は負けた。平氏の敗北は源頼朝に「大天狗」と呼ばれた**後白河法皇**（上皇）による休戦協定違反の騙し討ちという側面がある。

源義経は先に何度か触れたが（↑第三部〔源義経／同志社〕、〔大阪／宇治／醍醐〕）、一の谷の戦いは「鵯越《ひよどりごえ》の逆落《さかお》とし」（急峻な坂を馬に乗ったまま下って、一の谷の平家を急襲したという逸話）で名高いものの、実はそれがどこなのかはっきりしない。これはあの**桶狭間の戦い**（↑第一部〔両国〔武蔵国と下総国〕〕）もしかりである。教科書でゴチック体になっている重要語句を試験のために呪文のように覚え込んでも、場所が必ずしも特定されていないと聞けば、何だか力が抜けそうだ。だからこそ、歴史は「覚える」のではなく、「考察し、調査する」もの。神奈川県立相模原総合高校に勤務している時、たかが一〇分か二〇分程度の発表時間の自由研究のために、わざわざ愛知県まで行って桶狭間の候補地を歩き、自らの意見をまとめ上げた生徒がいた。これには心底感服した。

筒井康隆『こちら一の谷』は面白い。山頂に立った義経は余りの急斜面に躊躇する。覚悟を決めて決行したものの、降りたというより墜落した。だが、途中で引っ掛かり、それでおしまい。筆者は掛け値なしの大爆笑。歴史を題材にしたパロディーで、これほど腹を抱えた作品は他にない。

父と祖母が一緒に暮らした借家は大倉山の東の麓である。筆者はかつて一度訪ねた。駐車場になっていた。先に述べた福原京（↑第三部〔神戸／浜松〕）は平安末期の平清盛の夢の跡だが、父と祖母が住んだ借家を挟んだ大倉山の反対側、すなわち現在の神戸大学附属病院のあたりが平頼盛邸跡だったようだ。
この人物は平清盛の異母弟だが、かつて実母（池禅尼《いけのぜんに》）が平治の乱（↑第五部〔土方歳三、平山季重〕）に敗れて捕まった初陣の源頼朝の助命に尽力したという関係があり、平家一門が西国へ都落ちした時、彼は同行せず、鎌倉の源頼朝の庇護を受けた。こんな話は初耳の方もおられるだろうが、平家一門にはこういう立場の存在もいたのである。

筆者の卒業論文は平氏政権論。お粗末の限りの代物だが、平家の人々とは随分親しくなった。池大納言と称された平頼盛の末裔は「池」を名乗る。かつて池さんという女子生徒を教えたことがあるが、彼女はこの名字に特に意識はなかった。

平清盛の長男の平重盛《しげもり》は『平家物語』では悪玉の父に対し善玉の役目となっている。その子、平維盛《これもり》は富士川《ふじかわ》の戦い（↑第五部〔御茶ノ水／千葉〕）と倶利伽羅《くりから》峠の戦い（源義仲が砺波山倶利伽羅峠で平家軍を撃破し入京）で敗北し、平家は苦しい状況に追い込まれた。後に入水したと言う。また、維盛の子の六代《ろくだい》▲は仏門に入ったが、結局は殺された。『平家物語』に「六代被斬《きられ》」との一節がある。平清盛の嫡系は絶えた。

▲平家が政界進出をした平正盛から六代目ゆえの命名（正盛―忠盛―清盛―重盛―維盛―六代）。平氏政権を打ち立てた伊勢平氏（↑第四部〔堺〕）は藤原秀郷（↑第一部〔断髪令／読売新聞〕）と共に平将門を討った将門の従兄弟、平貞盛の子である平維衡《これひら》に始まり、その曽孫が正盛とされる。

平清盛の後継者の平宗盛《むねもり》や、南都焼打ちで東大寺（第三部〔大阪／宇治／醍醐〕、第四部〔和歌山／琵琶湖〕）を焼いた平重衡《しげひら》、それから「此一門にあらざらむ人は皆人非人なるべし」（『平家物語』）と言い放ったという平時忠（平清盛妻、平時子の兄弟）、あるいは「見るべきほどのことは見つ（見届ける必要のあることは見た）」（同）と言って壇ノ浦に入水したという平知盛《とももり》、そして平清盛の娘、建礼門院（平徳子／高倉天皇中宮）に仕えた建礼門院右京大夫《うきょうのだいぶ》と大恋愛をした平資盛《すけもり》（平維盛弟）などの名が知られる。時代は過ぎても、科学技術の発展と違い、男が女を、女が男を想う心は変わらない。八百年前の歌集『建礼門院右京大夫集』は青春時代にこそ触れて欲しい。

自動改札の今はできないが、以前は定期券を持っていると、最低料金の切符を買って乗車し、降りる時は定期券で出るといういわゆるキセル乗車があった。つまり、これをやると、一部区間が無賃乗車になる。高校生になって電車通学するようになった時、父に言われた。「薩摩守《さつまのかみ》はするなよ」。平清盛の子に薩摩守平忠《ただ》度《のり》がいる。「ただのり」だから「ただ《無賃》乗り」である。

この平忠度は藤原俊成《としなり／しゅんぜい》の弟子であった。都落ちの時、師のもとに赴き、自身の歌を預けた。後に俊成はその中から**『千載和歌集』**（↑第四部〔須磨／淡路〕）に読み人知らずとして一首撰んだ。

さざなみや　志賀の都は　荒れにしを　昔ながらの
山桜かな

昔「ながら」は「長等《ながら》」（↑第四部〔和歌山／琵琶湖〔大津市〕〕）の掛詞である。

有名な源義経の「八艘飛《はっそう》び」の逸話は平家が滅亡した**壇ノ浦の戦い**においてだが、この時、彼を追ったのは平教経《のりつね》（平国盛）だと言う。この人物の生死は必ずしもはっきりしないが、彼や一族郎党が落ち延びた先が阿波池田の南に広がる祖谷《いや》だと言い伝えられている。後で話題にする（↑第五部〔平家の落人〕）。

佃島／石川島 ― 神戸大阪通勤①

父は再び先生となった。今度は小学校でない。悲願の中等学校の英語の先生だった。

約二年半ぶりで、また教師となった私は毎日明るい気分で通勤を始めた。……国鉄《現ＪＲ》神戸駅から大阪《駅》の一つ手前の塚本駅まで……所要時間は三五分……。一年生の英語を教えた。ＡＢＣＤＥＦくらい組があった。……七組で四七〇人、……七組に全く同じ教材を教えるとは、天下にこれに勝る楽はない。

筆者は父が通った塚本を訪ねた。かつての大阪電気学校は校舎が今もそのまま残り、印刷会社の現役の社屋として使われていた。大変親切に迎えて頂き、社内（校内）見学をさせて下さった。

その足で近くの佃（大阪市西淀川区佃）に赴いた。本能寺の変の際、堺にいた徳川家康は慌てた。織田信長が殺されるという大事件である。世の秩序は乱れ、下手をすれば己も命を失う。いかにして三河に戻るか。先述した通りである（↑第四部〔堺〕）。

そんな折、摂津国佃村の漁民が文字通り助け船を出した。そのお礼として家康は後日彼らを江戸に招き、特権を与え保護した。それが佃島（東京都中央区佃）の始まりで、現在東京の佃島にある住吉神社は大阪の佃の田蓑《たみの》神社を分霊したものである。筆者は佃島のルーツの地を訪ね、この神社にお参りした。

田蓑神社は時代を大きく遡って、神功《じんぐう》皇后に所縁《ゆかり》の社である。神功皇后は伝承的色彩が濃い日本武尊《やまとたけるのみこと》の皇子である仲哀《ちゅうあい》天皇の皇后で、出産間近なのを石で遅らせ、朝鮮半島に渡って戦ったと『古事記』、『日本書紀』にある。そして、戦後、生まれたのが応神天皇（↑第一部〔多田源氏〕）と言う。ただし、神功皇后の時代とされる歴史像の構築はなかなか難しいものがある。

さらに続けると、その応神天皇の皇子が先の仁徳天皇（↑第一部〔多田源氏〕、第四部〔堺〕）で、その子が履中天皇（↑第一部〔多田源氏〕）。そして、仁徳天皇の孫が中国史書『宋書倭国伝《そうじょわこくでん》』に言う倭王武《わおうぶ》に比定される雄略天皇となる。

かつて佃島の隣に石川島があった。ここ（厳密には石川島と佃島の間の埋立地）に、江戸時代、長谷川平蔵（↑第一部〔上野／浅草／向島／堀切〕）の建議を受け、寛政の改革の老中松平定信（↑第一部〔霊岸島〕）が置いた人足寄場《にんそくよせば》があった。無宿者や軽微な罪人の職業訓練施設である。中沢道二（↑第二部〔石門心学〕）が収容者を教え導くため心学を講じた。幕末には幕府の命を受けて水戸藩が石川島造船所を建設し、明治になってからは民間の経営となった。最近は巨大高層住宅になっている。

佃島と石川島は今はくっつき、その南には埋立地である月島が続く。佃島は佃煮の発祥の地とも言われる。江戸の風情を伝える商店で佃煮を買い、住吉神社に参拝し、近代的高層ビルを眺め、月島でもんじゃ焼きを食べれば、手頃な一日散策コースである。

赤紙／新劇——神戸大阪通勤②

父は大阪電気学校で満足の日々を送っていた。

サラリーを一二〇～一三〇円もらって、午後の二時半には大手を振って帰れる。小学校や郵便局で苦労して来た私には……神様が埋め合わせをして下さっている、そんな気持ちにさえなった。だが、この学校は職員の出入りが案外多い。それは将来の保証がないこと、……赤紙（兵隊の召集令状）が来たら一ヵ月分もらって退職して軍に行かねばならなかったが、公立学校の「赤紙先生」の穴埋めのために私立学校の出入りが激しかったという面もあろう。

赤紙とは召集令状のことで、軍に入ることを命ずるもの。赤い紙だったので、この言い方をする。

二時半頃、帰途について神戸で下りる。お茶が好きで、まず喫茶店へ入る。……駅から足は自ずと神戸の浅草《である》新開地へと向かう。漫才、映画、新劇等を毎日見て歩いた。漫才は三〇銭くらい。映画や新劇で四〇銭あるいは五〇銭くらい。

新劇は江戸時代以来の歌舞伎や明治になって流行した新派劇に対し、西洋の近代劇を上演したものを言う。坪内逍遥《しょうよう》、小山内《おさない》薫《かおる》、島村抱月（↑第一部〈カチューシャの唄〉）らが主導した。坪内は東京専門学校文学科（後の早稲田大学文学部。筆者の出身学部）の創設者の一人。小山内は土方与志《よし》と共に、新劇の常設劇場として築地小劇場を現在の東京都中央区築地につくった。築地小劇場は昭和二〇（一九四五）年三月一〇日の東京大空襲で焼失した。現在跡地にあるレリーフがわずかに往時を伝える。

須磨／淡路――神戸大阪通勤③

生徒募集のため学校の宣伝にも歩いた。

学校の所在地が大阪の西に偏していたので、兵庫県または神戸の生徒が半数以上であった。三学期になると、大阪市内、阪神間、神戸市内と分担を決めて、小学校へ挨拶回りに出された。……私は神戸市内をあてられた。……東は灘の辺りから、西は須磨の辺りまで歩いた。

この須磨は先に触れた藤原定家の百人一首（↑第二部〈能〉）に収められた「淡路島　かよふ千鳥の　鳴く声に　いく夜寝覚めぬ　須磨の関守（源兼昌）」と詠われた地で、風光明媚な海岸として知られる。かの紫式部の『源氏物語』全五四帖のうちの一二帖の舞台であり、主人公の光源氏は一時ここに隠遁した。そして、もう一つ、先述の一の谷の戦いの地として一般的に言われるのは須磨であり、鵯越は背後の鉄拐山《てっかいさん》だとされる。筒井康隆が「墜落した」と言ったのは、この山である（↑第四部〔芦屋／神戸〕）。

須磨まで来たら、もう少し足を延ばしたい。垂水区（神戸市）に至ると、**五色塚古墳**がある。**古墳時代中期**（四世紀末から五世紀末）の**前方後円墳**で、築造当時の姿を復元している。他の古墳と全く雰囲気が違う。どんな感じか、ネット検索をして写真を見て頂きたい。筆者はある時、この古墳から明石海峡を眺めた。目の前に淡路島が大きく見える。誠に絶景。「鳥が通う」のが絵になる。

淡路島は記紀（古事記、日本書紀）神話で最初に生まれた島である。昔は**淡路国**。島一つで一つの国だったとは先に述べた（↑第二部〔能〕）。今は兵庫県に属す。実は江戸時代は阿波藩蜂須賀家（↑第一部〔阿波国〕）が支配したのだが、明治初年に藩主蜂須賀家と淡路を治める家老稲田家の内紛が起こり、それが尾を引き徳島と切り離された。

奈良時代には、淳仁天皇（↑第二部〔能〕）が道鏡（↑第一部〔房総〕、第四部〔和歌山／琵琶湖〔高島市〕〕、〔若江城〕、第五部〔和気清麻呂〕他）との関係で知られる孝謙上皇（↑第四部〔和歌山／琵琶湖〔高島市〕〕、第五部〔和気清麻呂〕他）によって廃位させられ、ここに流された。上皇は重祚して**称徳天皇**になる。一方の淳仁天皇は淡路廃帝と呼ばれた。

八王子市明神町に子安神社がある。安産祈願で人々の信仰を集めている。境内に橘社があり、「祭伸橘右京少輔命《たちばなのうきょうのしょうゆうのみこと》」は「天平宝宇三（七五九）年 時の帝、淳仁天皇の皇后の御安産祈願をする処を、探し求めよとの勅命を受け この地に至り、子安神社を創建したと謂われ、八王子開祖の人である」との説明がある。武蔵国八王子に上述の境遇の淳仁天皇がらみの神社がなぜあるのか。学習院高等科史学部が調査した二つの報告書があったが、どうもよく分からないらしい。これは何だろう。気になるところである。

百人一首は藤原定家が**勅撰和歌集**（天皇や上皇の命で編纂された和歌集）から秀歌を選び抜いたものだが、「淡路島かよふ千鳥の……」は『**金葉《きんよう》和歌集**』に収められている。また、第三部で紹介した「朝ぼらけ 宇治の川霧……」（↑第三部〔大阪／宇治／醍醐〕）は『**千載和歌集**』（↑第四部〔芦屋／神戸〕）である。

勅撰和歌集は『**古今和歌集**』、『**後撰《ごせん》**』（「和歌集」を省略。以下同じ）、『拾遺』、『後拾遺』、『金葉』、『詞花《しか》』、『千載』、『新古今』（↑第三部〈能〉）と続くが、『古今』、『後撰』、『拾遺』を三代集、『古今』から『新古今』までを八代集と呼ぶ。

最初の勅撰和歌集である『古今和歌集』には仮名序《かなじょ》（平仮名の序文）と真名序《まなじょ》（漢字の序文）がある。紀貫之が書いた「やまとうたはひとのこゝろ（心）をかて（糧）としてよろつ（万）のことのは（言の葉）となれりける」との仮名序の冒頭は余りにも有名。仮名序も真名序も共に今日なお共感できる歌論である。ご一読を。

本土空襲 ― 神戸大阪通勤④

父の母親《筆者の祖母》は神戸出身である。妹や義弟など親戚がいた。

《神戸》元町……に嫁している母の妹へもよく出掛けた。……顔や背丈は母によく似ていた。……この人とは前にも後にも、この時だけの交渉で、…《後に聞いた話では》空襲で焼け出され、阪神沿線の香櫨園《こうろえん》へ移ったようだ。

《この妹》のすぐ近くで、元町通りの……時計店兼宝石商へ養子に入っていたSという母の義弟《がいた》……。かつて関東大震災の時に、大阪商人らしい……番頭然とした服装で母を見舞ってくれた。その時に私は初めて会った。……伊豆で苦悩している時、金を借りようとしたのは、このSさんだった。……付き合いは、後にも先にも私が神戸にいる時だけだった。

先に築地小劇場で東京大空襲に触れたが（↑第四部〈赤紙／新劇〉）、昭和一九（一九四四）年、マリアナ諸島から飛び立つ米軍機によって本土空襲が激化し、日本の主要都市はほとんど焼かれた。父の叔母が焼け出された「空襲」とは神戸空襲で、昭和二〇（一九四五）年三月と六月のこと。神戸空襲をテーマにした映画がジブリの『火垂の墓』である。この映画は非常に重い。戦災の苦悩がいつまでも脳裏に焼き付いて離れない。

教派神道 ― 東京を出た祖母

この時、筆者の祖母が神戸にいたのには訳があった。

昭和九《一九三四》年、勧める人があって母は《東京府芝区の》室さんの看護会を辞めて、京都の武藤絲治《いとじ》氏の家政婦的役目を引き受けることになった。武藤家の人々と一等車《今日のグリーン車》の貸切で華々しく東海道を下ったそうだ。ところが、使用人を酷使する家で、……夜の二時に寝て、五時に起きていたようである。……体がダメになってしまいそうになり、無理に辞めた。さてどこへ行く……。《知り合いの》神戸の……産婆さん《から派遣看護業を営む》糸永女史を紹介された。……糸永さんも子供を二～三人独力で育てていた。法律上は別れた夫の子というのも母と同じ立場だった。話のよく分かった人で、**天理教**の信者だった。

鐘紡の武藤家についてはすでに述べた（↑第二部〈鐘紡〉）。父が大阪に来た時、筆者の祖母が神戸にいたのは、こうした事情であった。

天理教は**黒住教**、**金光教**《こんこう》などと同じく、江戸時代末期に誕生した**教派神道**《きょうはしんとう》の一つ。教祖は中山みき。

和歌山／琵琶湖――反対された交際

父はこの頃、三〇歳過ぎ、まだ独身。女性の話も記されている。

《糸永女史の看護会の》看護婦のNさん《と》……いつとはなしに……仲よくなって、日曜日なぞ朝から晩まで遊んだものだ。……ある日曜のこと、黙って二人で、《和歌山の名勝》和歌浦へ行った。……またどこかへ行こうと言うので、よしそれなら次に琵琶湖へ行こうと約束した。ところが、……彼女は帰って同僚に話をした……その後は母の彼女に対する態度が変わって、……誰にともなく、不同意との意思表示をした。

江戸時代、徳川御三家の一つ紀伊家（↑第一部〈讃岐国〉）の城下町として栄えた和歌山。その南の和歌浦は古来、風光明媚の地として知られ、万葉歌人**山部赤人**らに詠まれた秀歌が『**万葉集**』に伝えられている。

『**万葉集**』の注釈書は鎌倉時代の**仙覚**《せんがく》の『**万葉集註釈**』、及び、江戸時代、下河辺長流《しもこうべちょうりゅう》によって始められ、**契沖**《けいちゅう》によって完成した『**万葉代匠《だいしょう》記**』が知られる。神奈川県鎌倉市立中央図書館には「鎌倉仙覚文庫」が置かれている。仙覚は鎌倉で『万葉集』の研究をした。

筆者が教員になったばかりの頃、昭和の時代を詠んだ膨大な『**昭和萬葉集**』が刊行された。全巻（二一巻）購入し、今も我が家の書庫に収まっているが、ここにある歌が少しは分かるような気になったのは、馬齢を重ねた昨今である。

琵琶湖が出て来た。色々と学べる。琵琶湖は滋賀県、すなわち旧国名で言えば**近江国**にある。

琵琶湖水運は重要である。奈良時代の東大寺（↑第三部〔大阪／宇治／醍醐〕、第四部〔芦屋／神戸〕）建立には膨大な木材を要したが、琵琶湖周辺の山々で切り出され、琵琶湖から奈良まで瀬田川、宇治川（↑第三部〔大阪／宇治／醍醐〕）、木津川と河川ルートで運んだ。既述の織田信長が将軍足利義昭に要求した大津や草津（↑第四部〔堺〕）も琵琶湖周辺の街。物流で大いに栄えた。以下、琵琶湖周辺の高校日本史関係を取り上げる。

――大津市――

かつて短期間だが、都となったことがある。**天智天皇**六（六六七）年、天智天皇が**近江大津宮**を置いた。しかし、五年後、天皇の弟**大海人皇子**（後の天武天皇）が**壬申の乱**で甥（天智天皇の皇子）の**大友皇子**を破り、都を飛鳥に戻した。**近江令**は大津宮の時代につくられたと伝えられるが、真偽は定かでない。

『日本書紀』は皇位継承を天智天皇、天武天皇の順とする。しかし、天智天皇崩御の後、大友皇子は大津宮で即位していただろうと、水戸藩の『**大日本史**』は歴代天皇に入れた。▲ 現在の皇位継承は「天智天皇－**弘文天皇**（大友皇子）－天武天皇」とする。「弘文天皇」は明治三（一八七〇）年の追号である。

なお、前述の淳仁天皇（淡路廃帝／↑第四部〔須磨／淡路〕）、承久の乱の折の**仲恭天皇**（九条廃帝／順徳上皇〈↑第二部〔能〕〉の皇子）も同じく明治時代の追号である。

▲『大日本史』の三大特筆。①大友皇子の即位。②室町時代初期の南北朝の皇統について南朝を正統とする。③神功皇后（↑第四部〔佃島／石川島〕）を皇位から除く。

大津には長等山**園城寺**（三井寺）がある。比叡山延暦寺（↑第一部〔上野／浅草／向島／堀切〕）が**山門**と呼ばれたのに対して**寺門**と言われ、古来、寺社勢力の一翼を担った。園城寺の山号は背後の山（長等山）である。江戸時代の**伴信友**《ばんのぶとも》は『**長等**《ながら》**の山風**《やまかぜ》』を著し、大友皇子即位を説いた。伴は**若狭国**（福井県）の**小浜**《おばま》藩士で、国学（↑第一部〔慶応〕）者。小浜藩士には安政の大獄で病死した**梅田雲浜**《うんぴん》がいる。

小浜は空海（↑第四部〔高野山／立命館〕）の**東寺**（教王護国寺）の太良荘《たらのしょう》という荘園があったことで知られる。また、有名な東大寺二月堂の儀式、お水取りの水は、この小浜から送り出されているとされる。この二月堂に隣接して天平時代の建築を今に伝える**東大寺法華堂**（三月堂）がある。

筆者は大学の日本史専攻の先生と学生一緒の卒業旅行で小浜に行った。だが、バスの中で太良荘の話を隣席の男子学生としている瞬間が頭に浮かぶのみで、ここで語るべき記憶が出て来ない。個人旅行だと遠い昔であっても、あれこれ覚えているのだが、どうも集団旅行は勝手が違う。訪問先に集中するのでなく、仲間とのコミュニケーションに気が行ってしまうのだろう。

天智天皇が兄、天武天皇が弟というのは世の一般的理解である。『日本書紀』にそう書いてある。だが、二人は兄弟でないという異説がある。とある古い百科事典には天智天皇生没年を「六二六年－六七一年」、天武天皇を「六二二年－六八六年」とし、その上で「兄の天智天皇、弟の天武天皇」と叙述していた。この矛盾に執筆者は気付いていなかったようだ。天武天皇の生年ははっきりしない。筆者は二人が兄弟でないと考えた方がすっきりすると、ずっと思っている。

平安時代、平家を都落ちさせた源義仲が源義経に敗死した**粟津**《あわづ》や、本能寺の変を起こした明智光秀の居城のあった**坂本**も大津市である。坂本は琵琶湖水運で栄え、**馬借**《ばしゃく》（馬を使う運送業）の拠点であった。「日本開白《かいびゃく》以来、土民蜂起是れ初めなり」の一節で知られる**正長**《しょうちょう》**の徳政一揆**を誘発したのは坂本の馬借一揆であった。

明治二四（一八九一）年、警備の巡査**津田三蔵**がロシア皇太子**ニコライ**を襲うという大事件が大津で起きた（大津事件）。政府は大逆罪で死刑を求めたが、外国の皇族に適用できないとして司法権の独立を守った大審院院長の児島惟謙が宇和島の人だということはすでに述べた（↑第一部〔伊予国〕）。

――長浜市――

安土桃山時代、長浜城に入り、羽柴秀吉は初めて城《しろ》持《もち》大名になった。それまで今浜と言っていたのを主君の信長の一字を頂き、長浜としたというのも有名な逸話である。

浅井長政（↑第一部〔活動写真〕、第五部〔越前藩〕）の**小谷城**《おだに》も、その浅井長政と**朝倉義景**連合軍が織田信長・徳川家康連合軍と戦った姉川（姉川の戦い）も、鉄砲の産地の**国友村**も、**惣村**《そうそん》（中世村落）が分かる菅浦文書の菅原も、織田信長死後、羽柴秀吉が織田家宿老柴田勝家を破り、天下様への一歩を踏み出した天正一一（一五八三）年の賤ヶ岳《しずがたけ》の戦いの賤ヶ岳も、その時、秀吉の本陣が置かれた木之本《きのもと》も、みな今日の長浜市。木之本は、このすぐ後に父の手記に出て来る。かつて東大野球部に長浜市内の高校出身の国友投手がいた。鉄砲鍛冶の末裔だろうか。

――米原市――

鎌倉幕府滅亡時、六波羅探題（↑第一部〔女義太夫〕）の北条仲時ら四三〇名余が番場峠で佐々木道誉（↑第一部〔讃岐国〕）に行く手を塞がれ、蓮華寺《れんげじ》で自刃した。筆者はかつてここを一度訪ねた。時代の変わり目に多くの人々が自決した跡地。そして、今はその目の前を名神高速道路の自動車が疾走する。古《いにしえ》と現代《いま》のコントラストが印象深く残っている。

関ヶ原の戦いで徳川家康に敗れた**石田三成**《みつなり》が逃げたのが米原市と岐阜県にまたがる伊吹山《いぶきやま》。その後、向かった先は長浜市木之本町古橋。そもそも石田三成の生誕地は長浜市石田町。勝手知ったる地に逃げ込んだ訳である。しかし、彼の逃避行はここまでで、京の六条河原で斬首された。

――彦根市――

江戸の幕末の大老井伊直弼を出した井伊家の居城、**彦根城**は新幹線から見える。同様の例は井伊直弼の少し前の老中**阿部正弘**（福山藩主）の福山城（広島県福山市）がある。彦根城は現存する一二の天守の一つ。福山城は再建天守。

三五万石という徳川の**譜代大名**（関ヶ原以前の家臣の大名）の筆頭格の井伊家だが、意外なことに大政奉還後はすぐに新政府軍として戦っている。かの新撰組の近藤勇（↑第一部〔女義太夫〕）を下総国流山（現千葉県流山市）で捕まえたのは彦根藩士。偽名を使う近藤を見破った。後には先述の東征軍有栖川宮家（↑第二部〔鈴ヶ森〕）と姻戚関係を結んだ。昭和の戦後は井伊家末裔が長く彦根市長を務めた。

市長で思い出したが、数年前、筆者が丸亀城（これも現存天守の一つ）を訪ねた折、城を案内してくれたボランティアガイドが言った。「京極さん（旧藩主／↑第一部（讃岐国））が丸亀市長に立ったら当選して街も活気付くかもしれんけど、帰って来てくれんやろな」

京極家は明治期に北海道を開拓。これが今日の北海道京極町の第一歩。有名な**浪曲**の「江戸っ子だってね。神田の生まれよ」、「食いねえ、寿司を食いねえ」の一節は清水次郎長▲の子分、遠州《えんしゅう》（駿河国）森の石松が金刀比羅宮（↑第一部（讃岐国））参詣を終えた帰路の船中での話だが、金刀比羅様へのお参りで大いに潤った丸亀も近年久々に行ってみれば、駅前商店街はシャッターが下りて、些《いささ》か元気がない。丸亀は筆者の母方の祖母の実家のある町。幼き頃、母に連れられよく行った。駅前のおもちゃ屋と洋食屋が楽しみだった。かつての賑わいを取り戻して欲しいとひたすら願う。

▲清水（↑第三部（伊豆大島））に縄張りを持った侠客。

石田三成の居城**佐和山城**も彦根市。敗れたとはいえ、「佐和山一九万石の石田」が「関東二五六万石の徳川家康」相手によくやったという言い方がよくされる。

――高島市――

デパート高島屋の名はここに由来する。創業者が屋号に出身地を冠した。

奈良時代、道鏡（↑第五部（和気清麻呂）他）や孝謙上皇▲（↑第四部（須磨／淡路）、第五部（和気清麻呂））と対立し敗れた**藤原仲麻呂**の終焉の地もここである（藤原仲麻呂の乱／恵美押勝《えみのおしかつ》の乱）。

▲孝謙天皇は淳仁天皇に譲位し、孝謙上皇となった時、道鏡を寵愛。藤原仲麻呂の乱の後に重祚した（称徳天皇）。

江戸時代、**陽明学**者で**近江聖人**と呼ばれた**中江藤樹**《とうじゅ》が暮らした。同じく江戸時代、今日の北方領土の一つ**択捉島**《えとろふとう》の探検をした**近藤重蔵**が流されて来た。江戸の目黒で事件を起こした息子の近藤富蔵に連座した。

息子は八丈島に流されたが、その記録（『八丈実記』）は当時の八丈を伝える好資料となっている。それを元に近代の作家**井伏鱒二**《いぶせますじ》が『青ヶ島大概記』を書いたが、候文《そうろうぶん》ゆえ筆者は読むのに難儀した。

元亀元（一五七〇）年、織田信長が**越前国**（↑第五部（越前

藩〕）の朝倉義景を攻めていた最中に浅井長政が裏切った。窮地に陥った信長は這々の体で京へ逃げ込むが、この時、助けたのが朽木《くつき》氏である。朽木谷を越えての退却だった。朽木谷や既述の坂本などは応仁元（一四六七）年に始まった応仁の乱以降、急速に権力を失った足利将軍が政争に巻き込まれた時の逃げ込み先であった。

慶長五（一六〇〇）年の関ヶ原の戦いの布陣図を副読本などで見て頂きたい。松尾山に**小早川秀秋**がいる。戦場に入ってから、西軍石田方から東軍徳川方へ裏切り、戦局を左右したといつまでも言われ続ける人物だが、その松尾山の麓に朽木の名が見える。徳川に内応していた。

なお、朽木の隣には脇坂がいる。初代新橋駅と赤穂城明け渡しで言及した（↑第一部〔女義太夫〕）。

八丈島と関ヶ原が出て来た。近江国とは直接関係ないのだが、**宇喜多《うきた》秀家**を取り上げたい。秀家は豊臣政権五大老の一人。関ヶ原で家康に真っ向挑んで敗れた。戦後、八丈島に流される。だが、この後、縁戚▲の加賀藩前田家（↑第三部〔加賀前田家／本妙寺／シドッチ〕）の援助を受け、八丈島で徳川時代を生き延びた。さらに明治になり、末裔は本土に戻った。日本史上、屈指の美談と言えよう。

浮田《うきた》や喜田《きだ》は宇喜多一族の別の名乗りである。筆者が過去に教えた中に、それぞれ一人ずつ女子生徒がいた。浮田さんはよく分からなかったが、喜田さんは八丈島に親戚がいた。まず間違いないだろう。

また、ある時、筆者の担当する日本史のテストの裏面に、時間が余ったからと八丈島での宇喜多秀家以来の自身の系図を書いて来た男子生徒がいた。和田潤一君と言う。「八丈島で和田家は宇喜多家から嫁をもらった。その末裔」とのことである。

彼らは関ヶ原で秀家が負けなければ、この世に生をうけることはなかっただろう。彼らにとっての関ヶ原の戦いにはまた別の意味がある。

▲五大老の一人前田利家の娘〔豊臣秀吉養女〕が宇喜多秀家の正室。

――近江八幡市――

織田信長は足利義昭を奉じて入京する際に落とした**六角氏**の観音寺城のすぐ隣に、五層七重の天守を持つ

安土城をつくった。ここは滋賀県蒲生郡安土町だったが、今世紀になり、近江八幡市と合併した。六角氏は丸亀の京極氏と同じ**宇多源氏**（宇多天皇〈↑第一部（讃岐国）〉に始まる源氏）である。

近江八幡は豊臣秀吉の甥で、豊臣政権の二代関白**豊臣秀次**《ひでつぐ》による町づくりに始まった。活発な商業活動が展開し、彼ら**近江商人**の経済力は傑出していた。かつて夏の甲子園、帝京高校戦、九回逆転満塁ホームランが印象に残る滋賀県立八幡商業高校はこの街の学校である。「（近江）『八幡』『商業』（高校）」という〝そのもの〟の校名だが、学校のHPを覗いたら、「伝統ある商業高校であり、『近江商人の士官学校』といわれる本校生徒に、近江商人の精神や商法等を実践的に体得させる」とあった。豊臣秀次以来四三〇年余の伝統が確実に息づいていた。

興味深い原稿を見付けた。曰く、「安土」の織田信長は「大坂」を重視していた。安土は「日本海側の物産が集まる越前（福井県／↑第五部（越前藩））と太平洋側の物産が集まる伊勢（三重県／↑第四部（堺））を結ぶ流通の結節点」であり、そして、仮に本能寺の変が起きず、織田信長が「天下統一の暁には、その安土と、西日本はもとより東アジアやスペイン・ポルトガルからの物産の集積地である大坂とを琵琶湖と淀川水系（瀬田川、宇治川、淀川など）の水運で結び、それぞれ東国と西国の支配拠点とすることを構築していたのではないか▲」という空間認識である。

親戚の嫁にネイティブ滋賀がいる。彼女によれば、今日滋賀県は「琵琶湖しかない」だの「県の半分が湖（実際は約六分の一）」などと冷やかされるらしい。だが、その巨大な水運あってこその繁栄であった。

琵琶湖周辺、まだまだあるが、切りがないからやめにする。

▲藤田達生。二〇二〇年五月七日、東京新聞。

六甲山／奈良／橿原神宮 —— 大恋愛①

話を大阪の父に戻す。父に大恋愛が始まっていた。相手は伊豆の小学校就職で世話になった後藤明君の妹だった。

東京を出る前に、後藤明君……から、妹が大阪の西淀川にいるから、よかったら遊びに行ってくれと言われた。……私はほんのあどけない娘さんを想像していたところ、初めて大阪駅の地下鉄入口で出会ってみたら、これがとてもの美人でびっくりした。名を菊恵さんと言った。それから市内は言うに及ばず、六甲、堺水族館、奈良、橿原神宮とやたらに遊んで歩いた。心斎橋辺でお茶を飲み、食事をしたことも度々であった。

橿原神宮は初代神武天皇の橿原宮とされる地に、明治になって創建された神社である。

六甲《山》は阪神タイガース球団歌「六甲おろしに颯爽と♪♪」でお馴染みの山。神戸や芦屋（↑第四部〔芦屋／神戸〕）の背後にそびえる。福原遷都（↑第三部〔神戸／浜松〕）の際、都の造営に必要な木材がここから搬出されたと神戸市資料にある。

奈良は和銅三（七一〇）年、元明《げんめい》天皇によって藤原京から遷都し、延暦三（七八四）年、桓武天皇によって長岡京に移るまでの都であった平城京（↑第三部〔大阪／宇治／醍醐〕）に始まる。今日、平城宮跡は世界遺産「古都奈良の文化財」を構成する一つだが、その平城宮は平城京の中の一画で、内裏や大極殿など政府の中枢が集まっていたところである。平城京と平城宮のそれぞれの位置や大きさは教科書や副読本の図面で確認して頂きたい。平城京には左京の東側に外京がある。長岡京、平安京への遷都後、平城京は衰退して行くが、このエリアが興福寺、東大寺（外京の外）などの門前町として生き残った。現在の奈良市の中心駅、近鉄奈良駅は興福寺の目の前。外京のど真ん中である。

江戸時代、ここには遠国奉行の一つ、奈良奉行（↑第二部〔能〕）が置かれた。その跡地に現在、奈良女子大学（元奈良女子高等師範学校）が建つ。

興福寺が出て来た。この藤原氏の氏寺について高校日本史で即座に思い付くのは白鳳文化の興福寺仏頭、天平文化の興福寺阿修羅像。また、室町時代の僧、尋《じん》尊《そん》▲の『大乗院寺社雑事記《ぞうじき》』は応仁の乱の時代を考察するのに不可欠の史料。特に「今日山城国人集会す　上は六十歳　下は十五六歳と云々　同じく一国中の土民等群衆す」という山城の国一揆を伝える一節は有名である。さらには、明治初期の廃仏毀釈《はいぶつきしゃく》の嵐の中で興福寺五重塔が二束三文で売り出されたというエピソードもよく知られている。

▲一条兼良《かねよし》の子。一条兼良は『樵談治要《しょうだんちよう》』（室町幕府九代将軍足

利義尚《よしひさ》の諮問に答えた政治の意見書）や『花鳥余情《かちょうよせい》』（『源氏物語』の注釈書）を著した。

平城京の時代（奈良時代）には元明天皇、元正天皇《げんしょう》、聖武天皇（↑第三部（大阪／宇治／醍醐））、孝謙天皇、淳仁天皇、称徳天皇、光仁天皇、桓武天皇と即位し、天平文化が花開いた。この時代の正史は六国史《りっこくし》（八～一〇世紀にかけて編纂された国家の正史）の二番目の『続《しょく》日本紀』である。筆者は三〇歳頃、当時住んでいた日野市（↑第五部（土方歳三、平山季重））で催されていた歴史家吉田夏生先生による市民講座「吉田ゼミ」で『続日本紀』を読んだ。特に印象深く残っているのは、長屋王が徐々に追い詰められていく様子である。編年体で淡々と述べているだけなのに、「長屋王、危ないよ」と思った覚えがある。吉田先生は早稲田の日本史の先輩であり、NHK高校講座日本史を長く担当されたが、語り口の巧さ、本質の伝え方は絶品であった。

この『続日本紀』も『吾妻鏡』（↑第三部（吾妻鏡））も大学時代、日本史専攻のゼミで本気で読んだにもかかわらず、筆者の力不足が祟《たた》って残るものが余りなかった。作家永井路子氏は『吾妻鏡』を精読していると行間から往時の人々の様々な声が聞こえて来たと言い、それが『炎環』などの作品に結実したとおっしゃった。が、筆者は行間を読むどころか、それ以前に皮相的な意味を捉えるだけで四苦八苦した。こうしたことから今確実に言えるのは、特に初学者には指導者の教育力が重要である。

なお、六国史は『日本書紀』、『続日本紀』、『日本後紀』、『続日本後紀』、『日本文徳天皇実録』、『日本三代実録』である。

▲筆者が神奈川県立教育センターで神奈川県民対象の公開講座を担当していた時、講師としてお招きした。

早稲田大学で忘れがたい先生が一人いらっしゃる。教員免許を取るために文学部の筆者は教育学部に赴き教職科目を履修したが、そこで「社会科教育法」を担当されていたのが浅香勝輔先生であった。大学で受講した先生で、学生に対して、これほど授業態度について厳しく臨んだ方はいない。頬杖をついているだけで注意された。しかし、その分、きちんと学生の脳裏に残る講義をした。中学校で教鞭をとられていたように伺った。

最初の授業の挨拶。「人が出会う。これを偶と言う」。教員になった後、筆者はこれを頂いた。主たる講義内容は「社会科教育」に関する学習指導要領の変遷だったが、京都の林屋辰三郎先生と懇意だったようで、学会の裏話をはじめ様々な雑談は実に参考になった。

「立命史学は鬼より怖い。大辰（林屋辰三郎）、小辰（奈良本辰也）の声がする」。立命館大学（←第四部（高野山／立命館））の日本史の二大巨頭を評した言葉。

室町時代の『閑吟集』（小歌集）の「あまり言葉のかけたさに　あれ見さいなう空行く雲のはやさよ」を紹介し、「良いですね」

同じく『閑吟集』の「何せうぞ　燻《くす》んで　一期は夢よ　ただ狂へ」に対して、「憂世《うきよ》を生きる室町町衆《ちょうしゅう／まちしゅう》の声が聞こえて来ますね」

応仁の乱後の京の復興の話、祇園社（八坂神社）の話も興味深かった。祇園祭が一気に身近に感じられた。後日、筆者は波々伯部《ほうかべ》という男女二名の生徒を教えた。現在の兵庫県丹波篠山市にあった祇園社の荘園の下司職《げししき》を相伝した家の名乗りである。尤も彼らが末裔かどうかは未確認である。

まだまだあるが切りがない。これほどまで授業内容を思い出せる先生は他にいない。後に日本大学教授になられた。浅香先生を思うと、大学教員といえども研究だけでなく、教育力が必須だと強く思う。

次の話も忘れ難い。「教員になったら職員室で先輩教員に挨拶するのは当たり前で、忘れてはいけないのが業務員（技能員）室に行き挨拶することだ」。この教えは新任の時はもちろん、転勤する度に守った。中学校経験があるからこその言葉である。このお蔭で、筆者はどの学校に行っても技能員さんと友好関係を保った。

紫式部／適塾／大阪会議 ―― 大恋愛②

菊恵さんとのデートを目撃されたこともあった。

菊恵さんと地下鉄の心斎橋駅ホームで立ち話していた真後ろに糸永さんがいたのにはびっくりした。世間は狭いと驚いたものだが、別に何事もなかった。糸永さんとは琵琶湖畔の石山寺付近で、《大阪電気学校の》春の遠足中に出会ったこともあった。後で数人もの先生の中で一番立派に見えたと母にお世辞を言った。この二つの例を見ても、なかなかのレディーであった。

この**石山寺**も大津市である。琵琶湖から瀬田川への出入口に位置する。平安時代、紫式部がここで『源氏物語』を起筆したとの伝承がある。江戸時代、**北村季**《きたむらき》**吟**《ぎん》が『源氏物語』の注釈書『**源氏物語湖月抄**』を著すが、この「湖月」は「琵琶湖の月」である。先に紹介した**松尾芭蕉**（↑第四部〔天下茶屋〕）は彼の弟子である。

デート中に糸永さんと遭遇した地下鉄（現大阪メトロ御堂筋線）心斎橋駅には一度行ったが、二人がどこに立っていたか、ピンポイントで分かるはずもない。その心斎橋の次駅は淀屋橋。ここから緒方洪庵の適塾（↑第二部〔浅草十二階、被服廠跡〕）に行ける。福沢諭吉、大村益次郎、**橋本左内**（↑第五部〔越前藩〕）、佐野常民（↑第一部〔博愛社／交詢社／亀戸事件〕）らが学んだ。ところが、何事も事前に調べるべきである。訪れたのは月曜日で休館日。周りから見るしかなかったが、大都会のど真ん中に江戸時代の低い木造建築物が埋もれていた。文化財保護とはこういうものだ。

経緯は違うが、東京大手町の「平将門（↑第一部〔断髪令／読売新聞〕、〔両国（武蔵国と下総国）〕、〔活動写真〕等）の首塚」を想起した。東京駅近くに、高層ビルに囲まれた「沈み込んだ平面の一画」がある。ビルを建てて活用すれば多大の経済効果は必至だが、ここも歴史や伝承が守られている。

適塾から歩いて五分か一〇分、老舗の料亭花外楼《かがいろう》がある。**明治六年の政変**で西郷隆盛、板垣退助らが下野し、その後、**台湾出兵**に反対して**木戸孝允**も政府を去ったことから、大久保利通が政権安定のため、板垣、木戸と会談した。**大阪会議**である。それが、ここ大阪北浜の料亭だった。会談後、両者は政府に復帰し、出されたのが**漸次**《ぜんじ》**立憲**《りっけん》**政体**《せいたい》**樹立**《じゅりつ》**の詔**《みことのり》。現在、花外楼のビルに、右記三人と伊藤博文、井上馨のレリーフがある。しかし、適塾と違い、明治のイメージとかけ離れた近代的ビルになっているため気が付かず、筆者は何度もその前をやり過ごした。

賤ヶ岳の七本槍 ―― 大恋愛③

結婚してあげて、父は菊恵さんの友人に、そう言われた。

ある日、いつもの通り午後二時半頃、《大阪電気学校から》塚本駅へ向かって歩いていたら、向こうから、彼女《後藤菊恵さん》の同僚の三か崎さんがとことこやって来る。……私は近いうちに嫁に行きますので、《日赤を》辞めて滋賀へ帰ります。ついては後藤さんのことですが、あの人が大阪へ来たのは、私と親友で一緒に勤められるならということでした。だから、今、私だけ帰郷したら心残りです。幸い、近頃、先生と交際していなさる。何卒お願い、もらってあげて。

父の青春の一コマ。読んでいて訳もなく微笑んでしまう。でも結婚されると筆者が生まれないからやめてくれと、すでに生まれてしまった身でありながら無用の心配をして、今度は苦笑する。幸いなことに（?）、母親（筆者の祖母）が反対した。また、兄の後藤明氏も賛成しなかったようだ。父は身動きが取れなくなった。

私はもらうか、もらわないか、約半年間、考えた。《神戸塚本間の》車中の三五分も、あたかも一〇分くらいにしか感じなくなった。それほど物思いに耽った。三か崎さんを湖北の木之本というところまで訪ねて、気持ちの区切りをつけようともしたが、うまくいかなかった。すべての角度から考えて、分からなかった。…《だが決断した》…しばらくして彼女を尋ねて、前後の事情、ひいては私の心境を説明して詫びた。……《兄の後藤》明君とも文通が絶えた。

三か崎さんを訪ねた木之本は長浜市。賤ヶ岳の戦いの時、秀吉の本陣が置かれたとは先に述べた。父はさぞかし無念であっただろう（↑はじめに〔秀吉の天下への街は父の失恋への街〕、第四部〔和歌山／琵琶湖（長浜市）〕）。

賤ヶ岳の戦いの折、活躍した七人の若い部将——脇坂安治、**福島正則**、**加藤清正**、片桐且元《かたぎりかつもと》、糟屋武則、平野長泰、加藤嘉明——は「賤ヶ岳の七本槍」と称される。

脇坂安治は関ヶ原で徳川家康に内応し（↑第四部〔和歌山／琵琶湖（高島市）〕）、その家系は後世、赤穂城の明け渡しの役目を担った龍野藩主（↑第一部〔女義太夫〕）。

赤穂藩浅野家の本家は広島藩浅野家だとはすでに述べたが（↑第一部〔両国（武蔵国と下総国）〕）、浅野家の前に広島城に入っていたのが福島正則。豊臣恩顧の大名（豊臣秀吉に大恩のある大名）の代表格だが、後に改易（取り潰し）

となった。

豊臣恩顧と言えば加藤清正も福島正則と並ぶ代表格。第一部で西南戦争時、熊本城を土佐の谷干城が死守したことに触れたが（↑第一部〔土佐国〕）、この城は清正によってつくられた名城である。清正の子の代で改易され、以後、熊本は細川家が支配した。平成五（一九九三）年、首相となった**細川護熙**《もりひろ》は末裔である。細川内閣の出現で、戦後、長きに亘り政権を担った**自由民主党**は下野することとなった。

先述の明治の文学者坪内逍遥（↑第四部〔赤紙／新劇〕）は**『小説真髄』**、**『当世書生気質』**、**『桐一葉』**などが代表作である。この三つ目の作品は豊臣秀頼、淀殿（茶々／↑第一部〔活動写真〕）など豊臣家と、徳川家の間で苦悩する片桐且元を描いたものである。

糟屋武則は先に言及した（↑第二部〔第一次世界大戦後の好景気〕）。関ヶ原では西軍に付いたため戦後没落した。彼の墓所は先述の功運寺（吉良義央の墓所）である。

平野長泰は豊臣恩顧だが、徳川の世に生き延び、大和国田原本《たわらもと》を支配した。この地（奈良県磯城郡田原本町）には**弥生時代**を代表する**環濠集落**、**唐古・鍵遺跡**がある。環濠集落と言えば、日本最大級の佐賀県**吉野ヶ里遺跡**や堺の南（大阪府和泉市、泉大津市）の池上曽根遺跡も重要である。

加藤嘉明も徳川の世に続いた。伊予国の勝山を松山（愛媛県松山市）と改めたのは彼である。

同様の例をあげておこう。熊本県熊本市の熊本は加藤清正が隈本から改名した。熊は強いからのようだ。次に、福岡県福岡市の福岡は**黒田長政**が福崎を改めたものである。黒田の故地の**備前国**（岡山県東南部）福岡から名付けた。備前国**福岡市**《ふくおかのいち》は**「一遍上人絵伝」**（一遍／↑第一部〔伊予国〕）でよく知られている。それから福島県の会津若松は元は黒川。豊臣秀吉に会津を任された蒲生氏郷が近江国の郷里の若松の森から取ったと言う。

高野山／立命館——嵐①

恋は破れたが、男の友情は深まった。

中井君ともよく遊んだ。高野山に登ったこともあった。京都方面へもよく二人で行った。そのうち彼氏は……京都の立命館大学の夜間で地歴を勉強したりした。

立命館は同志社と並ぶ京都の大学の雄。明治末から大正初期に現れた**桂園**《けいえん》**時代**▲の一方の西園寺公望の学校に淵源を持つ。

▲長州藩出身の陸軍大将**桂太郎**と政友会総裁**西園寺公望**《さいおんじきんもち》が交互に組閣した時代を言う。

高野山は言わずと知れた**高野山金剛峰寺**（和歌山県伊都郡高野町）。平安時代の初め、空海（弘法大師／↑第一部〔讃岐国〕）が開いた。空海は讃岐国の人。本名は佐伯真魚《さえきのまお》。遣唐使で渡り、**長安**の**青龍寺**で**恵果**和尚に学ぶ。帰国後、**真言宗**を開いた。青龍寺は筆者が二〇代、教員になってすぐに訪れたが、トイレが汚かったことが強烈に残っている。

香川県には今も満濃池という空海が改修した灌漑池がある。筆者は子供の頃、近所の友達二人と一緒に父に連れられ、訪れた。池と言うから、当時阿波池田にあった古池というちょっとした池をイメージして行ったら驚いた。海だと思った。

何度も触れた金刀比羅宮のある香川県琴平町の隣町、善通寺市（↑第五部〔善通寺／道後温泉〕）が彼の生まれ故郷である。市名となった寺院の「善通寺」は空海の父の諱《いみな》（佐伯善通《よしみち》）から来る。明治に陸軍の**師団**が置かれ、以来四国有数の軍都である。

筆者は長くカンボジア支援を行っており、渡航は五〇回を超えた（↑第三部〔伊豆大島〕）。平成一一（一九九九）年八月、**ピニャルー**（ピニャール）を訪れたいと思い、通訳をしてくれているコン・サンロート氏（↑第三部〔加賀前田家／本妙寺／シドッチ〕）に頼んだ。江戸幕府が海外渡航を厳しく制限する前、日本の船は東南アジア諸国に雄飛し、各地に**日本町**をつくっていた。ピニャルーはその一つで、現在のカンボジアの首都**プノンペン**の近郊にあった。

ところが、コン氏は知らない。そんな話はカンボジアの学校で聞いたことがないと言う。実はプノンペンにも日本町はあったが、それも知らなかった。「へえ、四百年も前に日本人がカンボジアに来ていたのですか」と、しきりに感心している。日本側は教科書や副読本の地図に掲載して学んでいるのに、先方は認識していない。同様に日本町があり、それで観光客を呼ぼうと、今日、力を注いでいるタイの**アユタヤ**（山田長政で知られる）やベトナムの**フェフォ**（ホイアン）と全然違う。

しかし、いくらなんでも地名くらいは残っているだろう。通じないのは発音の問題だろうと、筆者はピニヤール、ピニャール、ピニヤルーなどと唱えていた。すると、彼曰く、「ああ、それ、ポンニャルー（Ponhea Leu）かな」。プノンペンの北方、トンレサップ川のほとりにある。

二人でシュリーマン▲になろうと、早速訪れた。とはいえ、さて、どうしよう。大きなお寺でくつろいでいる古老諸氏に、「昔、日本人がここにいたということを聞いたことはありませんか」、「土中から古い茶碗など食器が出て来るところはありませんか」などと尋ねてみたものの、分からない。結局、川の畔に佇み、日本の朱印船が川を遡上する風景を想像して、これで少しは今後の授業の味が違って来るだろうと思いつつ、一日を終えたのだった。

▲ギリシア神話の都市トロイを発見したドイツ人。

ところが、さすがに元国費留学生のコン氏は教養人。この話が気になり、その後、独りで調査に来たと言う。そして、興味深い話を聞きつけた。

「四百年前ではないが、一九四五年、カンボジアに来た日本兵と結婚した女性がまだ生きていた。二人の間には男児が生まれた。日本の敗戦後、フランス軍に連行された。名前はスゥシィダ。死んでいるかもしれないが、会えるなら、もう一度会いたい」

同年一二月、この女性に会うため筆者はカンボジアを訪れた。詳しく話を聞き、帰国後、防衛研究所（↑第三部（ワシントン海軍軍縮条約））で終日、資料を探した。だが、それらしき人物が見当たらない。そもそもスゥシィダ（スシダか）という名が少々不自然である。ツチダ（土田／tsu・chi・da）かもしれない。ヘボン式ローマ字（↑第二部（東京の私立大学））のtsuとchiはカンボジア人に限ったことではないが、日本人同様の発音は難しい。だからこそ、ヘボンは独特の表記にした訳だ。最終的には善通寺の第五五師団（一九四〇年編成）の可能性が高いと分かり、読売新聞香川版▲が大きく取り上げてくれた。しかし、情報提供はなかった。

一方、そもそものポンニャルーの方はどうなったか。平城宮跡（↑第四部（六甲山／奈良／橿原神宮））や長屋王（↑第四部（六甲山／奈良／橿原神宮））邸などの調査に携った奈良文化財研究所が平成一八（二〇〇六）年、発掘調査したが、その報告書によれば大発見には至らなかったようである。

授業で日本町の話になると、ピニャルーを最初に調査したのは筆者だ、本当の発音はポンニャルーだと、いつも自慢している。

▲第二次大戦中、カンボジアで旧日本兵と結婚したという現地の女性が生き別れになった夫を探している。たまたま現地を訪れて知り合った……永瀬一哉さんが、夫を見つけてくれるよう懇願され、行方を探しているが、手がかりが少なく、「二人に残された時間はわずか。消息を伝え合う最後のチャンスだから」と、情報提供を呼びかけている。

女性の名は、サン・マウさん（76）。永瀬さんがマウさんと初めて会ったのは一九九九年一二月。その年の夏、近世の日本町の跡を調べるため、首都プノンペンの北約二五キロにあるピニャルーを訪ねた時の通訳が、その町に住むマウさんのことを知り、永瀬さんに応援を求めてきた。

マウさんが日本兵と結婚したのは一九四五年。日本軍の駐屯地近くの道路建設作業を見ていて知り合い、求婚されたという。「夫の名は『ツチダ』。酉年（一九二一年）生まれ。私は一七歳だった。たくさんの兵士が相談に来たので、偉い人だったと思う」。

現地流の式を挙げたが、間もなく終戦に。部隊は撤収したが、夫はカンボジアに残った。二人は進駐してきた英仏軍から逃げるように、転々と移り住んだが、四八年春、マウさんの外出中、夫は仏軍に連行され、二度と戻らなかった。この年の夏に長男のマライさん（58）が生まれ、マウさんはそうめん売りをしながら育てたという。

今夏、永瀬さんが再訪したとき、マウさんは薄い布団に横になったまま、返事をする気力もない状態だった。「もし生きていなくても、夫によく似た息子がいることを夫の親族に伝えたい」。今はそれだけがマウさんの願いだ。

防衛庁防衛研究所（東京都目黒区）によると、ある程度、自由に外出できた下士官や下級将校以上の旧軍人が現地の人と結婚した例はあるという。四五年当時、陸軍五五師団と第五飛行師団が、プノンペンに司令部を置いていた。

（平成一六（二〇〇四）年一二月一九日、読売新聞香川版）

若江城 ── 嵐②

恋破れ、中井君と友情を深めて行く中で、嵐が突如押し寄せた。関東大震災以来の二度目の人生の断層を迎えようとしていた。

《中井君から》電気学校よりちゃんとした学校へ行かな

いかと、……彼氏の兄の世話で、布施市《現東大阪市》の大阪錦城商業学校《へ変わる話が進んだ》。この兄は布施の小阪に住んでいた。……サラリーが二〜三〇円安くなるのが困る《のだが》、友情を保つために決心した。

中井君の兄が住んでいた小阪は現在の東大阪市。新しい勤務校、大阪錦城商業もここにあった。近鉄奈良線に河内小阪駅がある。

この駅から奈良方面に向かい二つ目が若江岩田駅である。駅の南方にかつて若江城（現東大阪市）があった。元亀四（一五七三）年、室町幕府一五代将軍足利義昭が織田信長によって京を追放され、行った先がここだった。つまり室町幕府終焉の地と言える。義昭の妹の婿（三好氏／↑第一部（長宗我部元親））の城であった。筆者は訪れてみたが、昔日を偲ぶ縁《よすが》はなかった。何本もの石碑が建ち並ぶだけだった。

「室町幕府滅亡、以後涙」（以《1》後《5》な《7》み《3》だ／一五七三年室町幕府滅亡）という語呂合わせがある。しかし、義昭本人は復権を目指し、有力大名に援軍を求めた。毛利氏の庇護で鞆《とも》（現広島県福山市）に滞在した間を鞆幕府と言うこともある。

この若江一帯は大坂夏の陣（↑第三部（大阪／宇治／醍醐））の折には戦場となっている（八尾若江の戦い）。また、何度も出て来た道鏡（↑第五部（和気清麻呂）等）は河内国若江郡（八尾市）の出身で、称徳天皇はこの地に由義宮《ゆげのみや》[1]という離宮をつくり、ここを西京とした。「詔以由義宮爲西京」と『続日本紀』[2]（↑第四部（六甲山／奈良／橿原神宮））にある。

▲1 平成二七（二〇〇七）年八月一六日、大阪府八尾市文化財調査研究会は由義宮の一部の可能性の高い建物跡を発掘したと発表した（平成二七年八月一七日、読売新聞）。

▲2 神護景雲《じんごけいうん》三年十月三十日／黒板勝美『續日本紀 後編』（一九七五年 吉川弘文館）三七九頁。

北進政策／南進政策——嵐③

錦城商業に変わる少し前、実は父は中井君の世話で結婚した。

《中井君が》女房を世話しようかと言うので、頼むと返事した。すると、鶴橋《現大阪市生野区》の小学校《の先生》にとてもいい人がいる。親孝行者で有名である。……一度会わないかと言うので、ある時、言われるままに小学校にそっと行ってみた。

これがご縁で結婚した。

《新居は》布施市足代……の一棟を借り……た。昭和一六《一九四一》年の年末であった。……電気学校から錦城商業への転勤話は妻を迎えて三ヶ月ほど経った三月のことだった。新婚家庭で金がいくらでもいる際に、二〜三〇円の収入の減少は痛い。転勤問題は妻との不協和音を生んだ。

新婚早々、歯車が狂った。

かくして運命の昭和一七《一九四二》年が訪れた。日本の戦争の負け始めの年であり、私にとっても激動の年だった。

父の結婚した一二月に太平洋戦争が始まった。**真珠湾攻撃**は一二月八日である。日本はアメリカ、イギリス、オランダとの戦争に突入した。当初は連戦連勝だったが、それも半年だけ。翌昭和一七年六月、**ミッドウェイ海戦**の敗北を機に戦局は転換した。そんな中、父は錦城商業で、この時代ならではの体験をしている。

《錦城商業で》振るっているのはA理事発案のマレー語教育であった。《南進政策を取っている》時局柄マレー語が必要だと来た。……生徒はいい面の皮だが、英語の時間を削っていよいよ始まった。……授業を担当したのは拓殖大出の人だった。私と《布施》駅前の喫茶店で茶を飲みながら曰く、「弱りました。自信があるという訳じゃないです。今年一年は単語くらいやってお茶を濁しても、来年は文章をやらねばならん。全く骨の折れることになったものです」。

当時の日本には**南進政策**（東南アジア進出）と**北進政策**（シベリア方面進出／ソ連と敵対）の二つの考えがあった。結局は**日ソ中立条約**を締結し、南進となるが、東南アジアに向かうなら現地のマレー語を学ぶべしと、英語の時間を減らして始めたという訳である。マレー語を担当したのは拓殖大学（↑第一部〔房総〕）の卒業生だった。前述の**桂園時代**の桂太郎が初代校長である（↑第四部〔高野山／立命館））。

アジアでの戦線が話題になったので、忘れがたい二例を述べておく。

一つは永瀬隆先生。映画「戦場にかける橋」で知られるタイのクワイ河の泰緬《たいめん》鉄道建設時の通訳。著書に『「戦場に架ける橋」のウソと真実』（一九八六年、岩波書店）などがある。岡山県倉敷市で英語塾を経営なさっていたが、ご縁あって何度かお宅に伺い、当時の現場の様子を直接伺うことができた。その上でタイのカンチャナブリも数度訪問し、橋を実際に渡った。

映画「レイルウエイ　運命の旅路」は泰緬鉄道建設を舞台に、永瀬先生とイギリス人の交流を描いた作品である。「私のことを映画にしようという話があるが、私の役者は二枚目でないといけない」と、先生は笑いながら私に言った。永瀬先生役は俳優の真田広之であった。ご満足であろう。

永瀬の名字は筆者と同じだが、姻戚関係はない。ただ、カンチャナブリに行った際、永瀬先生と懇意の現地のタイ人が親戚と勘違いし、手厚くもてなして下さったのには申し訳ない思いになった。反面、永瀬先生の現地での人望の厚さを肌で感じることができた。

もう一つはインパール作戦。これは無数の死者を出した。相模原高校に勤務中、祖父がその帰還者だという女子生徒がいた。話を聞きたいとお願いしたところ、当時お住いになっていた新潟まで来て頂くまでもないと、体験談を書き記し、送って下さった。小島豊策さんと言う。

その手記はインパール作戦の地獄の様子を如実に伝えるものであった。高校生にも読み取れるようにと、小島さんのご了解を得て、少し注釈を加え、ポッチキスで止めた簡便な小冊子『昭和十九年　インパール作戦　私の従軍記』をつくった。それが、どういう経緯があったのか、奈良県立図書館に収められているのを後日知った。後世に伝われば、小島さんにとっても、筆者にとっても、有り難い。

この人とはよくお茶を飲んだが、話の面白い人だった。やがて、それもそうだと分かった。この先生、変り種という部類だ。いわゆる活動写真時代に楽士をやっていたと言う。トーキーと共に意を決して大学へ入ったと言う。どうも触りが違うと思った。

この一節を「翻訳」しよう。

「この先生は画面だけで音声のない活動写真の時代に、館内で音楽を演奏する楽団の一員だったが、画面と音声が一緒になったトーキー（要するに今日の映画）が始まった時に意を決して大学へ入ったと言う。だから、どうも他の先生と雰囲気が違うと思った」

映画の節目が実感できる。

この学校は癖が悪くて、出張旅費や宿直料、その他の立て替えをなかなか払わない。……《さらには》教員を酷使する。その腹いせか、先生がよく休む。……長居するところにあらずと思った。

これがその後の嵐の一因ともなった。

狭山の後北条氏――嵐④

学校は好きになれない。給料は下がる。新妻とは不協和音。そんな時、良い話が二つ来た。一つは大阪府立中学校への話。もう一つは徳島県立中学校への話。友人の善意が重なった。さてどうするか。本来ならうれしい悲鳴である。だが、救いの手が差し伸べられたはずなのに、ことは離婚にまで至った。

かつて京都《伏見》で知り合った浅田一雄君とは文通していた。……その頃、彼は府立園芸学校《現大阪府立園芸高等学校》に勤めていた。

佐藤尉二郎君は法政卒業以来約九年、……第一東京市立中学校（↑第三部〔昭和恐慌〕）……に勤めていた。……いつの頃か奥さんが健康を害し、郷里の徳島県海部郡川東村《現徳島県海部郡海陽町》へ戻り、昭和一六《一九四一》年、県立脇町中学校《現徳島県立脇町高校》に移った。

昭和一六年末に家庭を持って、翌昭和一七年の三月までは平和だったが、四月から錦城に行って荒れ始め、五月末に嵐となった。発端は堺の浅田一雄君と徳島の佐藤尉二郎君から同時に、二通の封書を貰ったことだった。一通は大阪府立黒山高等女学校《現大阪府立登美丘高等学校》への話、一通は徳島県立阿波中学校《現徳島県立阿波高等学校》への話だった。私は阿波中は断った。

阿波中は断った。それはそうだろう。未知の徳島県である。ところが、府立黒山高女は行けなかった。面談に行くと校長が「明日からすぐ来い」と言った。いくら何でも錦城商業に対して無責任。強く勧める浅田君と縁が切れた。

一方、断った県立阿波中は都合が悪いなら一学期の間、待つと来た。だが、徳島行きには妻が反対した。とはいえ、好感を抱いていない私学（錦城商業）に居続ける理由もない。折角の公立中学校への就職である。

阿波中に行くなら離婚するという雰囲気が妻の側に漂って来た。……にっちもさっちも行かなくなった。私はともかく佐藤君と《阿波中学校の》山田校長に会ってみよう、学校はどんなところにあるのか見てみようと思い、夏休みに初めて徳島へ渡った。《だが結論は出なかった。業を煮やした》阿波中は……九月三日、発令して《徳島県立阿波中学校教諭に任ずる辞令を出して》しまった。……《そして》妻は……離婚を気早に決めてしまった。……中井君は学校の問題にも、家庭の問題にも腹を立てて《縁が切れた。結局》浅田、中井の両君を失い、家庭も壊れた。

父が行かなかった府立黒山高女の後身である府立登美丘高校は堺市東区にある。そのすぐ南に大阪狭山市が広がる。ここに興味深い歴史がある。小田原城を拠点として関東にその名を轟かせた後北条氏（↑第三部（世田谷／姫路））の末裔が治めた狭山藩があった。小田原城は豊臣秀吉に落とされ、本家は絶えたが、後日、その係累が相模国から遠く離れた河内国狭山に領地を得た。かつて関東を席巻した時代に比べれば比較にならぬ小藩だが、後北条の家名は残った。

一方、父が行った阿波中学校の校名はもちろん阿波国から来る。東京に始まる父の人生の放浪は伏見、伊豆、大阪と来て、いよいよ阿波・徳島に至る。

第五部　阿波生活

【サマリー】

昭和一七《一九四二》年九月、父は徳島県立阿波中学校に赴任した。行った頃がちょうど太平洋戦争の転機であった。同年六月のミッドウェイの海戦に敗れ、戦局は一気に悪化した。短期間のつもりで四国に渡ったものの、結果的には疎開したのと同じことになり、食料不足や空襲から免れた。戦後、新制池田高校に勤め、そこで退職した。池田時代に筆者が生まれた。結局、約二五年、徳島県に暮らし、昭和四二《一九六七》年、ようやく郷里東京に戻った。

第五部は徳島県阿波郡柿島村と三好郡池田町で迎えた戦中、戦後の話である。

越前藩 ―― 阿波中学校①

昭和一七（一九四二）年九月、父は徳島県に渡った。

昭和一七《一九四二》年九月三日付で徳島県立阿波中学校教諭に発令され、月給九五円をもらうこととなった。……校長は福井県人で山田廣と言った。

今の福井県はかつては越前国と若狭国である。越前の朝倉氏が織田信長によって滅ぼされた後、この地を預かった織田家宿老の柴田勝家が今日の福井市内に北ノ庄城を築いた。

織田信長の妹の市《いち》（↑第一部〔活動写真〕）は初婚の浅井長政を兄信長によって殺された後、柴田勝家に再嫁した。だが、この二度目の夫も今度は兄信長が取り立てて出世した羽柴秀吉に賤ヶ岳で敗れ、北ノ庄城で自害した。この時、市は夫に付き従った。

江戸時代になり、徳川家康の次男が越前に入国した。その後、北ノ庄は福井と改名され、今日に至る。

この越前松平家からは幕末に名君**松平春嶽**《しゅんがく》（慶永《よしなが》）が出

た。その懐刀、橋本左内（↑第四部〔紫式部／適塾／大阪会議〕）は井伊直弼の安政の大獄で死罪となった。

松平春嶽は王政復古の大号令の後に開かれた明治天皇臨席の小御所会議に議定として出席している。ここには、総裁の有栖川宮熾仁親王（↑第二部〔鈴ヶ森〕等）や議定の土佐藩山内容堂（豊信／↑第一部〔土佐国〕）、参与の**岩倉具視**、後藤象二郎（↑第一部〔土佐国〕）、大久保利通（↑第二部〔吉祥寺〕、第三部〔加賀前田家／本妙寺／シドッチ〕、第四部〔紫式部／適塾／大阪会議〕）らがいた。激論の末、徳川慶喜（↑第一部〔慶応〕、第二部〔鈴ヶ森〕）の**辞官納地**が決まった。なお、出席者の肩書きは総裁、議定、参与の三職であった（↑第二部〔鈴ヶ森〕）。

福井県（若狭国のエリア）には**鳥浜《とりはま》貝塚**がある。縄文時代草創期からの遺跡で、糞石《ふんせき》▲や丸木舟など残りにくいものが出土した。筆者は知人から発掘報告書を頂き、職場の机に置いているが、宝の持ち腐れにしてしまっている。

▲ウンチの化石。食生活や調理法などが分かる。唐古・鍵遺跡（↑第四部〔賤ヶ岳の七本槍〕）からも出土している。

父が徳島県に渡ったのは昭和一七年九月。その少し前の七月九日、神奈川県津久井郡（現相模原市緑区）出身の萩原久司《ひさじ》は海軍徴傭《ちょうよう》船神祥《しんしょう》丸に乗船中、アメリカ軍の魚雷攻撃を受け、戦死した。二六歳。父文蔵は息子を偲び、関係する資料を風呂敷に包んで保存した。萩原家のご承諾を得て、この資料をまとめたのが拙著『太平洋戦争・海軍機関兵の戦死』（一九九五年、明石書店）である。残された資料群は「名誉の戦死」の実態を如実に示していた。後世に確実に伝えるべき貴重な内容である。筆者の最初の著作である。

屋島の戦い──阿波中学校②

阿波中は全くの田舎にあった。

天保山《大阪港》から汽船で四～五時間、徳島県小松島市に着く。それから汽車で二時間弱、徳島線を西へ行くと鴨島《かもじま》駅に着く。駅前からバスで一〇分……吉野川を渡って北へ行く。徳島県阿波郡柿島村《現徳島県阿波市吉野町柿原》……。全くの田舎だ。桑畑の中に学校があった。

小松島市は徳島市の南方。ジブリ映画『平成狸合戦ぽんぽこ』に登場する狸（六代目金長《きんちょう》）の故郷だが、源平の争乱の折、源義経が伊予国の河野氏（↑第一部〔伊予国〕）の水軍などを味方に付け、摂津国渡辺津（大阪府）から嵐の海を突っ切って上陸したところとされる。ここから讃岐の屋島にいた平家一門を急襲したのが**屋島の戦い**。那須与一の「扇の的《まと》」で知られる。「扇の的」は『平成狸合戦ぽんぽこ』の一シーンにある。四国の狸の三長老（右記の阿波小松島の六代目金長、讃岐の屋島の禿《はげ》、伊予松山の隠神刑部《いぬがみぎょうぶ》）が多摩ニュータウンの菩提《ぼ》餅山《たもちさん》万福寺に到着したところである。

この映画は日本の歴史や伝承等をふんだんに取り入れており、見ていて興味が尽きない。隠神刑部が亡くなって**阿弥陀如来**らが迎えに来る**聖衆来迎図**《しょうじゅらいごうず》を踏まえた場面や、屋島の禿が教祖となって狸が**踊念仏**に没頭する場面が印象深い。

和気清麻呂 ── 阿波中学校③

妻を失い、友を失い、そして結果的には勤め人の母を大阪に残し、未知の徳島で独り暮らしが始まった。公立中学校の英語教師にはなれたものの、さぞかしつらかったことだろう。やがて父は筆者の母と再婚した。

昭和一七《一九四二》年、阿波中へ行った最初の一年半は、学校の近くで下宿した。そして、時折、布施市へ戻った。母が一人で住んでいた。昭和一九年三月、金光文子《かなみつふみこ》と一緒になってからは学校の住宅に入った。

筆者の母、金光文子は大阪出身だが、その父方のルーツは岡山県和気《わけ》郡和気町の荒内家で、数代前が**徴兵のがれ**のため金光家に養子に入ったと聞いた。筆者は一度、母（文子）と和気の菩提寺に行って先祖の墓参をしたが、今は寺の名すら忘れた。

和気は奈良時代の**和気清麻呂**の出身地である。神《じん》護景雲《ごけいうん》三（七六九）年、**豊前国**《ぶぜんのくに》の**宇佐八幡宮**▲で、時の称徳天皇（元孝謙天皇／↑第四部〔須磨／淡路〕、〔和歌山／琵琶湖（高島市）〕、〔六甲山／奈良／橿原神宮〕、〔若江城〕）が寵愛する道鏡（↑第一部〔房総〕、第四部〔須磨／淡路〕、〔和歌山／琵琶湖（高島市）〕、〔若江城〕）を皇位に就ければ天下が治まる（「令道鏡即皇位天下太平」〔続日本紀〕）との神の意向があったというので、和気清麻呂が宇佐に赴いた。だが、そこでは皇統は変えてはいけないとの神託が下り、これを復命したところ、清麻呂は怒りを買い、大隅国《おおすみのくに》（鹿児島県東部）に流された。古《いにしえ》の一大朝廷スキャンダルである。

▲豊前国は現在の福岡県東部から大分県北部。宇佐八幡宮は大分県にある。

母の父方の先祖が養子に入ったのは金光《かなみつ》家であった。この家と備前国の土豪金光氏との関わりは明確には分からないが、一般論では次のようである。金光氏は同じ備前国の土豪松田氏に、その後宇喜多氏（↑第四部（和歌山／琵琶湖（高島市））に、そして関ヶ原で宇喜多氏が敗れた後は池田氏に臣従したと言う。実はかつて筆者の従姉金光恵美子は高知県出身の鍵山聖《かぎやまきよし》との結婚を先方の両親に反対された。そこで従姉の叔母である筆者の母がはるばる高知の土佐山田まで出向き頭を下げたが、ダメだった。

この鍵山氏は、その昔、土佐の長宗我部氏（↑第一部（長宗我部元親））に服属させられた地元の土豪山田氏の家臣だったようだが、無駄足で帰宅した母は「鍵山より金光の方が家格が上なのに」と憤慨していた。こんなつまらぬことを言うとは、余程頭に来たのだろう。

先方の両親は頑なだった。だが、鍵山聖は反対を押し切り、我が従姉と結婚し、大阪に所帯を構えた。高知高校で甲子園に出場した元高校球児は肚が据わっていた。

やがて長女と長男を得た。鍵山恵美子となった従姉だが、「私は生まれ変わっても聖君と結婚するよ」と言う。それを聞いた長女が「それやったら、ウチら二人もまた生まれて来るんやね」と言った。この言葉は心に響く。素晴らしいファミリーになった。

金光氏が一時期、臣従していた松田氏は後北条氏（↑第三部（世田谷／姫路）、第四部（狭山の後北条氏））の家老にもなっている。知人の松田邦義氏は私家版『松田家の歴史』という大著を二〇年以上かけてまとめている。筆者の手元にもある。正に労作である。

鍵山恵美子の弟で、金光家現当主である金光隆は国鉄（日本国有鉄道／その後JR西日本）に勤めた。その息子も今、JR西日本で働いている。先に「滋賀県の半分は湖」との冗句を教えてくれたのは、この息子の嫁である。

昭和二四（一九四九）年、初代国鉄総裁下山定則が常

磐線で轢死体となって発見された。世に言う**下山事件**である。他殺か自殺か。朝日新聞は他殺で、毎日新聞は自殺。東京大学は他殺で、慶応義塾大学は自殺。事件は迷宮入りした。

筆者は三〇代の折、関係者の紹介で、下山事件に関わったある元検事の自邸に伺い、個人的にインタビューする機会を得た。とはいえ、元検事の語る内容はすでに公になっていることに終始した。私が知っていることは棺桶に持って行く必要があると、何度も言った。だから、筆者は、自殺か他殺か、この一点だけ間接的に伝えてくれる元検事の言葉を待って、質問を続けた。

「矢田君の本を読んで下さい」。元検事はこう言った。元朝日新聞記者矢田喜美雄の『謀殺・下山事件日本の暑い日々』（一九七三年、講談社）である。実は言われるまでもなく、筆者はこの本を読んで訪問している。当然、元検事は当方の質問からして、そのことはお分かりであっただろう。その上で矢田君の本を読めと言う。これで十分であった。下山事件は日本史に刻まれるシリアスな未解決事件である。それに関わっていた人物から直接得たこのサジェスチョンは、筆者のこれまでの聞き取りの中で最上位のレベルのものである。

話を戻す。筆者の母方の祖母は香川県丸亀市の由井家である。丸亀については第一部（讃岐国）、第三部（神戸／浜松）、第四部（和歌山／琵琶湖（彦根市）、（近江八幡市））で触れた。

母には兄が一人いた。後に大阪から鳥取県倉吉市に移り、長く読売新聞の専売所を経営した。倉吉はかつて**伯耆国**《ほうきのくに》（鳥取県）の国府（↑第三部（神戸／浜松））の所在地である。

藍――阿波中学校④
父は吉野川沿いの学校の宿舎に住んだ。

《阿波中学校の宿舎は》地元の資産家……が阿波中の教員のために建ててくれたものである。……この人は染料の**藍**で昔、大儲けしたらしい。私の入居した家は三間のこぢんまりとした家で、吉野川に一番近く、景色がよかった。月光の川水に映えた情景は平和そのもので、「ドナウ川の漣《さざなみ》」の曲を思い出すようだった。しかし、戦争は文字通り日一日と激烈になり、そんな詩情は許されなくなった。

藍は青色の染料となる植物。古代より重宝された。特に阿波国は産地として知られた。父を徳島に呼んだ佐藤尉二郎氏は県立脇町中学校に勤務していたが（↑第四部〔狭山の後北条氏〕）、この脇町は主に藍で栄え、今も土蔵造りの家並が残っている。

疎開——戦時下①

徳島県に来たのは、父にとって大変な幸運であった。

昭和一七《一九四二》年から日本軍は米軍に負け始めた。この年の秋頃から物資は急速に乏しくなった。一軒の店先に長い行列があるのを見ると、まず列に加わり、それから何を売るんですかと前の人に聞き、もしいらねば列から抜けるだけのことだった。……私はいい時に田舎の中学校へ行った。私達《夫婦》は小規模ながら、米・麦・芋類、その他色々作って自給自足した。その田舎も《敗戦の年の》昭和二〇《一九四五》年にはかなり詰まった。

……私が徳島に赴任した翌昭和一八年頃から、都会から田舎へ帰る人が出て来たし、また疎開と言って地方に散ることも望ましいとされた。小学校の生徒は集団疎開《学童疎開》と言って、先生に連れられて地方へ行き勉強した。また、**建物疎開**と言って、軍事的に何かの理由で家屋を取り払われて、田舎に疎開せざるを得ない人達もあった。

戦時下の都市は物資不足と空襲の恐怖に見舞われた。だから、大阪で夢想だにしない嵐に直面し、徳島県にたどり着いたのは願ってもないことだった。

満州国／関東軍——戦時下②

大阪に独りでいた母は弟が満州に連れて行った。

《一九四四〔昭和一九〕年》初夏、弟《隆三》が母を**満州国**の**新京**市《長春市》へ連れて行った。その頃、満州国政府の役人で、**関東軍**の仕事をしていた。

そして、約一年後、昭和二〇年六月一〇日……六六歳で母は死んだ。終戦に先立つこと約二ヵ月だった。終戦の混乱の中、満州から引き揚げ、再び内地の土を

郵便はがき

料金受取人払郵便

八王子局承認

809

差出有効期間
2022年7月31日
まで

1928790

056

〔受取人〕

東京都八王子市
追分町一〇―四―一〇一

揺籃社 行

●お買い求めの動機

1, 広告を見て（新聞・雑誌名　　　　　　　　） 2, 書店で見て
3, 書評を見て（新聞・雑誌名　　　　　　　　） 4, 人に薦められて
5, 当社チラシを見て　6, 当社ホームページを見て
7, その他（　　　　　　　　　　　　　　　　）

●お買い求めの書店名

【　　　　　　　　　　　　　　　　　　　　】

●当社の刊行図書で既読の本がありましたらお教えください。

読者カード

今後の出版企画の参考にいたしたく存じますので、
ご協力お願いします。

書名〔　　　　〕

お名前《ふりがな》　年齢（　　歳）
性別（男・女）

ご住所　〒

TEL　（　　）

E-mail

ご職業

本書についてのご感想・お気づきの点があればお教えください。

書籍購入申込書

当社刊行図書のご注文があれば、下記の申込書をご利用下さい。郵送でご自宅まで1週間前後でお届けいたします。書籍代金のほかに、送料が別途かかりますので予めご了承ください。

書名	定価	部数
	円	部
	円	部
	円	部

※収集した個人情報は当社からのお知らせ以外の目的で許可なく使用することはいたしません。

踏むためには、言うに言われぬ苦難を乗り越える体力が必要であった。途中で野垂れ死にすることを考えれば、平穏裡に畳の上で死ねたのだから、よしとせねばならぬ。……その半年後、昭和二一年一月三一日、世田谷区上馬町で親父が死んだ。数え八一歳だった。

満州国は昭和六（一九三一）年の柳条湖《りゅうじょうこ》事件に始まる満州事変の後、関東軍主導でつくられた国。首都は新京市。関東軍とは日露戦争以降、日本が利権を拡大した中国東北地方（満州）に置いた日本軍。石原莞爾《かんじ》、板垣征四郎ら関東軍参謀が昭和初期の歴史に関与した。

満州国執政（後に皇帝）は愛新覚羅溥儀《あいしんかくらふぎ》。その弟は溥《ふ》傑《けつ》。溥傑の妻は嵯峨《さが》侯爵家の浩《ひろ》。筆者主宰の「特定非営利活動法人・インドシナ難民の明日を考える会」（←第三部（加賀前田家／本妙寺／シドッチ））を長く支えて下さっている宮脇正さんは浩の姪を妻とする実業家が経営する会社に勤めていた。

満州国は昭和二〇（一九四五）年八月八日のソ連の対日参戦で混乱に陥り、間もなく崩壊した。満州にいた日本人は筆舌に尽くし難い辛酸を嘗めた。逃避行の最中の落命は数知れず。だから父は「終戦の混乱の中、満州から引き揚げ、再び内地の土を踏むためには、言うに言われぬ苦難を乗り越える体力が必要であった。途中で野垂れ死にすることを考えれば、平穏裡に畳の上で死ねたのだから、よしとせねばならぬ」と記した訳である。

親と生き別れになった子供も数限りなくいた。そんな彼らが中国人養父母に育てられたのが中国残留日本人孤児。以下は筆者が直接聞いた話である。引揚船に乗る直前、赤い服を着せた幼い娘が港で見当たらなくなった。いくら探してもいない。日本への船は間もなく出る。そんな時、ちょっと先で赤い服がチラッと見えた。あの子が違っていたら船に乗ろう。夫婦でそう言って追い掛けたら、我が子だった。その娘さんを母とするお嬢さんを筆者は相模原高校で教えた。残留孤児になるもならぬも紙一重。相模原高校のお嬢さんが存在するのもある意味奇跡である。

一方、ソ連軍に拘束され、極寒のシベリアに連行され、開発に従事させられたのがシベリア抑留。強制労働で多数の日本人が死んだ。何とか生き長らえ、ようやく帰国を果たしたら、共産主義に染まっているのではないかと厳しい目で見られたという証言をシベリアからの帰還者から聞いた。

　父の弟隆三は妻トモゑを連れて日本を目指した。日本人の集団が列車で逃げている時、ソ連兵に停車させられた。女を出せと言う。誰もが怯《おび》え凍り付いている時、一人の女性が私はそういう商売をしていたから行くと申し出た。列車を降りる時、大声で言った。「私は茨城県○○郡○○村の○○○○です。私が帰って来なかったら、家族に知らせて下さい」。列車はしばらく停まっていた。やがて女性は帰って来た。周りの人はみな泣いた。列車は動き出した。筆者がトモゑ叔母から聞いた体験談である。

　話は前後するが、満州国の建国前に**張作霖爆殺事件**が起こっている。「(中国) 統一をめざして北上する**国民革命軍**は、広東から長江流域を北上し、各地方を制圧した(**北伐**)。……しかし、張作霖軍が国民革命軍に敗北すると、関東軍の一部に、謀略によって張作霖を排除して満州を直接支配するという考えが台頭してきた。1928(昭和3)年6月、関東軍は中央にはからず独断で、満州へ帰還途上の張作霖を奉天郊外で列車ごと爆破して殺害した」と山川出版社の高校日本史教科書▲は説明する。

　実はこの事件について、筆者は興味深い話を聞いた。相模原高校で授業を担当した下川良子さんの祖父で、元満州電々社員の岩山松男さんは事件当時、旧制奉天第一中学校の四年生だった。事件を聞いて、学校の帰り道、爆破が起きた**満鉄**と京奉線との交差点の現場まで遠回りして見に行った。爆発現場の写真は教科書、副読本などによく掲載されているが、あそこを岩山さんは直接見たのであった。

　そして、もう一つ、岩山さんには印象深いことがある。仲のいい友人に町野君がいたが、その父の名は町野武馬《たけま》。張作霖の軍事顧問で、事件発生の前に列車を降りているが、爆破された列車に張作霖と一緒に乗っていたのであった。

　こうした話を聞くことは著作や論文を読むのとはまた違った歴史学習となる。目の前にいる方の口から聞いていると、教科書の歴史叙述に血が通い、一気に身近なものになる。この感覚、一度味わってみて頂きたい。

▲「改訂版　詳説日本史B」(令和二(二〇二〇)年、山川出版社) 三四一頁〜三四二頁。

陸奥国／高野長英／配属将校 ── 戦時下③
英語の教師には暗黒の時代がやって来た。

昭和一七年頃から降伏した昭和二〇年八月までは、英語教師にとって最も暗黒の時代であった。英語は「敵性語」ということで、授業時間が一組あたり週に二時間くらいに減らされた。東北の岩手県から来ていた青山学院出の英語のS先生が……校長から英語時数が減るから、給食係になってくれと言われた。……大変怒って、……さっさと《郷里に》帰ってしまった。

英語教育史の文献を眺めれば、この時期の尋常ならざる様子がすぐ分かる。▲全く以て父の言う通りである。そんな時代が確かにあったのだ。

▲永瀬一哉『父に学んだ近代日本史』（二〇一九年、揺籃社）一七二頁～一七三頁

S先生の岩手県は**陸奥国**（青森県、岩手県、宮城県、福島県の一帯）。岩手の歴史で特筆されるのは何と言っても平泉の**中尊寺金色堂**と**奥州藤原氏**だろう。

一一世紀半ば、源頼義が陸奥守の時代に起こった前九年の役は源頼義、義家父子（↑第一部〈断髪令／読売新聞〉）と陸奥の**安倍氏**との戦いであった。それが終わった後の一一世紀後半、微妙な異父・異母の関係にあった（教科書、副読本の系図を参照して頂きたい）**清原氏**の三兄弟に、陸奥守源義家が絡んだ争いが後三年の役。この二つの戦乱を通して奥州の覇者藤原氏が誕生した。

その栄華の象徴が中尊寺。初代**藤原清衡**に始まり、二代目は**藤原基衡**。そして若き日の源義経を育てたのは三代目**藤原秀衡**であり、その源義経を衣川の戦い（↑第三部〈源義経／同志社〉）で自害に追い込んだのは四代目**藤原泰衡**であった。二一世紀の今日、平泉町は今も単独で町を続け（岩手県西磐井郡平泉町）、さらに自動車の「平泉」ナンバーもできた。一帯は世界遺産となった。

源頼義の父の源頼信は河内源氏の祖（↑第一部〈断髪令／読売新聞〉）だが、頼信、頼義、義家の三代の墓は千年の時を越えて、郷里の河内（大阪府太子町、羽曳野市）に今も並ぶ。思うに、筆者の墓は千年も存在するだろうか。彼らの足跡の大きさを改めて思い知らされる。

地名を残したと言えば、大阪府南河内郡千早赤阪村も同様である。ここは河内国の楠木正成（↑第四部〈芦屋

／神戸〕）の本拠地。合併消滅の可能性があったが、大阪府唯一の村として生き残った。筆者は親戚の結婚式で下阪した折、足を延ばした。**赤坂城**（上赤坂城、下赤坂城）を見て歩くのには特段の苦労はなかった。**千早城**もそれくらいのつもりで、最初の階段を駆け上ったら、ちょっとした登山が始まり、途中で息が上がった。ゼーゼー言いながらも周囲に連なる山々は絶景。こんなところでゲリラ戦をやられたら大変だと、攻めあぐねた鎌倉幕府軍の気持ちが分かったような気になった。

青山学院大学は先に述べたが（↑第二部〔東京の私立大学〕）、現在の校名は東京・青山の地名に由来する。今日、大学のすぐ近くにある複合文化施設青山スパイラルの入口に高野長英《ちょうえい》の旧居のレリーフがある。江戸時代、**モリソン号事件**を批判したことで投獄された（**蛮《ばん》社《しゃ》の獄《ごく》**）が、牢獄の火災を機に逃亡し、行方をくらました。最後にとうとう見付けられ、殺害された地がここである。このレリーフ、お洒落な大都会に埋もれて見付けにくい。

中学校には配属将校という者がいた。これが軍事教練をやるのだ。この制度は大正一四《一九二五》年に制定された。普通、大尉が来ていたが、戦争の末期には中尉、少尉とランクが下った。……そんな将校連中が末期には《学内で》威張り散らして、……前日の職員会議で決めたことを、翌日、校長と談判してひっくり返したのだった。……連中の言い分は常に馬鹿の一つ覚えで、国家のためにならない、時局認識が不足である、激烈な戦争が分かっていない等で、二言目には非国民（的）と言いたいのであった。校賓であるべきものがいつのまにか校長以上になるとは、とんでもない。

戦時下には学校に校長以上の存在が現れたようだ。**配属将校**による**軍事教練**は学内での軍事教育。**大正デモクラシー**期の国際的軍縮の中で、軍人の失業対策の意味もあったと言う。英語の授業は削られたり、軍人の意向が学校を左右するまでになったりと、戦時下の学校の様子がよく分かる。

徳島空襲 ── 戦時下④

空襲は大都市だけでなく、地方都市にも及んだ。

昭和二〇《一九四五》年、日本中の都会は毎日空襲されていた。三月、東京、大阪、神戸がほとんど同時にやられた《東京一〇日、大阪一三日、神戸一七日》。……住んでいたところは徳島市から五里《約二〇㎞》くらい離れていたが、空襲の時は見ていても凄かった。真赤に空が焦げて、飛行機の胴体があたかも血を吸った虱《しらみ》といった色に見えた。逃げ惑う身になったら、どんなであったろう。

空襲について、東京〔↑第二部〔浅草十二階、被服廠跡〕〕と神戸〔↑第四部〔本土空襲〕〕は先に触れた。大阪は後述〔↑第五部〔大阪空襲〕〕する。ここにある徳島空襲は昭和二〇年七月四日真夜中の焼夷弾〔↑第二部〔浅草十二階、被服廠跡〕〕攻撃。死者千人、被災者七万人。焼夷弾は火災を発生させる爆弾であり、日本の家屋は木と紙でできているから、これを落として街を焼いた。

八王子市の妻の実家のご近所に奥住喜重《おくずみよししげ》先生がお住まいであった。元は都立高校の先生で、やがて八王子空襲をはじめとする空襲の研究者となった。お嬢さんが筆者の高校の同級生というご縁もあり、何度か自宅を訪問し、腰を据えて話を伺った。著書は『中小都市空襲』など。工藤洋三氏〔↑第二部〔浅草十二階、被服廠跡〕〕との共著もある。

妻の叔母もご近所であった。叔母は八王子空襲時に空から落ちて来た「焼夷弾の『親爆弾』の羽」を、敗戦から約半世紀の後、自宅の庭で植木鉢の台に使っていた。焼夷弾攻撃は「小さな爆弾〔焼夷弾〕を数十個入れた親爆弾」を飛行機から投下すると、空中で親爆弾が分解し、パラパラと一個ずつ落ちるという仕組みである〔「焼夷弾分解図」参照〕、その親爆弾の羽が平和を取り戻した戦後には植木鉢の台となっていたのだった。戦時中には卓袱《ちゃぶ》台にも使ったと言う。

筆者は二個あったうちの一個を頂き、自宅で保管し、長く授業で見せていたが、先年、時の八王子市教

〔焼夷弾分解図〕

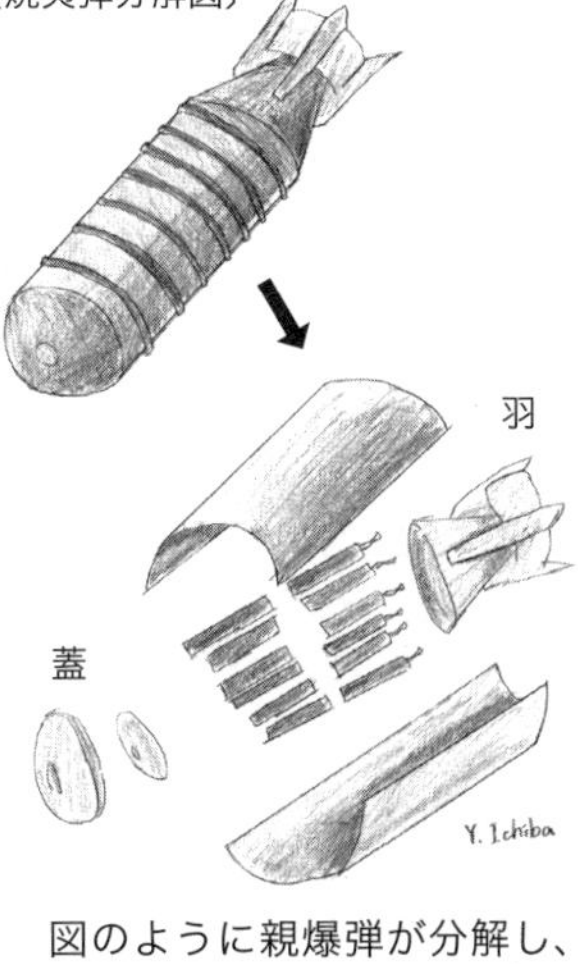

図のように親爆弾が分解し、中に入っていた小さな焼夷弾がパラパラと落ちる。右後方が植木台にした親爆弾の羽。左前方がフライパンにした親爆弾の蓋
〔イラスト 一場友花〕

育長板倉仁君（↑第三部〔大阪へ〕）を通して八王子市郷土資料館に寄贈した。同館は焼夷弾や親爆弾の蓋▲は持っていたが、親爆弾の羽は初めてだった。後世に長く伝えて欲しい。

▲焼夷弾の蓋はフライパンに使われたと奥住喜重先生から伺った。逞しき民衆の生命力を感じる。

八王子市千人町の地名は八王子千人同心（↑第一部〔女義太夫〕）に由来する。その千人町一帯を通過する国道二〇号線（旧甲州街道＝旧甲州道中／↑第二部〔第一次世界大戦後の好景気〕）沿いに見事なイチョウ並木がある。その中の二〇本程のイチョウに、今も八王子空襲の焼け跡が残っている。人間だけでなく、樹木もまた、長い年月、傷を癒しながら生きている。そんなことを意識すると、歩いている街の風景が急に違って見える。

大仙陵古墳（↑第一部〔多田源氏〕、第四部〔堺〕）から焼夷弾の不発弾が発見されたとの報道▲があった。無差別攻撃は人間も自然も文化も破壊すると改めて思う。

▲令和二（二〇二〇）年七月一〇日、毎日新聞

松永久秀 ― 勤労動員①

英語受難の日々、父は英語の代替として音楽を担当すると申し出た。

《英語教師は》数学教師に転向を強要されるなど他教科をやらされたり、……勤労動員の専門係にさせられたり、英語はもう永久に不要という時代の空気もあっ……た。教頭が作文でもやったらと言ってくれたが、少々苦労しても私ならではのものがやりたいという江戸っ子的痩せ我慢の意識で……音楽をやると申し出た。全教師がひどく驚いたようだった。

下河津小学校でオルガンをマスターしている。小気味よかっただろう。

八月一五日の敗戦の直前は《学校の近くの》市場町の飛行場作りに、毎日、汗を流していた。これには数校が動員され、……死に物狂いでやっていた。麦畑を潰し、農家を移転させて八割完成したところで敗戦となった。天下に、これに勝る愚なる話があろうか。

一家の主人は兵隊に取られ、留守を預かるおかみさ

んが家と畑を取り上げられ、今日、明日に迫った取り壊しの運命にあるがらんとした広い百姓家の入口で、骨の抜けた人間とはかくもあるらんと思ったほど、萎《しお》れ果てて、へたり込んでいるのを見た時、名状し難い気分に襲われた。

父は文章が巧いと思ったことがしばしばある。ここもまざまざと情景が浮かぶ。徳島県阿波郡市場町（現阿波市市場町）は阿波郡柿島村（↑第五部（屋島の戦い））の西方の町。農家を強引に立ち退かせ、徳島海軍航空隊の飛行場を造ろうとした。

先に触れた松永久秀は主家の三好家を乗っ取り（↑第一部（長宗我部元親））、一三代将軍**足利義輝**（足利義昭の兄）を暗殺し、源平の争乱の平重衡（↑第四部（芦屋／神戸））以来三八〇余年ぶりの**東大寺大仏殿**の焼失を招き、最後は大和**信貴山《しぎさん》城**で爆死したとされる強烈な一生だが、実は出身地が分からない。その候補の一つがここ市場である。より詳しく言うと、市場町犬墓《いぬのはか》。一度聞くと忘れない地名である。弘法大師（空海／↑第四部（高野山／立命館））を守って死んだ犬の墓ということらしい。松永久秀の末裔は江戸時代の俳諧の**松永貞徳**、儒学者の松永尺五《せきご》。そして、今日の芸能界にもいるらしい。

蘭印進駐 ―― 勤労動員②

終戦の年、ろくに授業はなかった。

中学校生も女学校生も、《労働力不足を補うために》みんな工場に送られ《た》。……昭和二〇《一九四五》年はろくに授業なぞはなかった。石油がなくなったと言って、松根油《しょうこんゆ》なるものを採るべく、松の根を掘りに行ったり、農家の手伝いに行ったり、隣町の鴨島の飛行機製作工場《製糸工場を飛行機工場に転用》に行ったりした。

勉強どころではなかった。昭和一七（一九四二）年に始まるオランダ領東インド（蘭印／現在のインドネシア）への攻撃の主目的は石油の確保であった。昭和二〇年の徳島県では阿波中学校の生徒を動員して、不足する石油を松の木の樹脂の採取で埋めようとしていた。いかに追い詰められていたことか。

大阪空襲 ―― 勤労動員③

阿波中学校は兵庫県尼崎の飛行機製作工場にも動員

された。

もう一つ《尼崎》の動員先は《鴨島の工場が製糸工場の転用だったように》同じく元は紡績工場（鐘紡／↑第二部〔鐘紡〕）だった。《市場や鴨島は地元だから通ったが》この方は寄宿舎に泊まっていた。生徒は三ヵ月、教員は一ヵ月で交替した。私は昭和二〇年三月に交替の番が来て出掛けた。

小松島へ着いて大阪行の汽船に乗る時、汽船の釜焚き風の兄ちゃんが、こんな日に乗る人間の気がしれないと呟《つぶや》いた。……後日、その意味が分かって、ぞっとした。というのは、その一つ前の船が航行中、敵に空襲されて、死者が数人出たのだった。

初め私はこのコースで大阪へ行く考えでなく、高松・宇野経由で汽車で行く▲つもりをしていた。空襲の際は汽車の方が比較的安全だと思ったからだ。ところが、たまたま柿島村の家へ来ていた義母金光タケが大阪の家へ寄ってくれとのことで、急にこのコースに変更したのだ。幸い私の乗った船は異状なく、《大阪》天保山桟橋に着いた。

▲高松まで高徳線。高松から連絡線で宇野へ。宇野線で岡山へ。岡山から山陽本線、東海道本線で大阪へというルート。

尼崎は、堺同様、中世の自治都市の一つ。ここも織田信長の焼き打ちを受けた。

応永二六（一四一九）年、**倭寇**対策のため朝鮮が対馬を攻めるという**応永の外寇**が起きた。その外交処理で来日した**宋希璟**が著した『**老松堂日本行録**《ろうしょうどうにほんこうろく》』の中に、当時の尼崎が記されている。阿麻沙只《尼崎》村で三毛作が行われていると述べている。室町時代の生産力の向上を示す史料の一つである。

宇野は現在は岡山県玉野市だが、元は児島郡で、この一帯を拠点にした中世の武士に児島高徳《たかのり》がいる。後醍醐天皇が隠岐に流された時（↑第二部〔能〕）、途中の院庄《いんのしょう》（岡山県津山市）で、「天莫空勾践　時非無范蠡」（天、勾践《こうせん》を空《むな》しうする莫《なか》れ　時に范蠡《はんれい》、無きにしも非ず／昔、中国で呉越が戦った時、敗れた越の勾践を天は見捨てなかった。勾践の忠臣である范蠡と同様の人が現れる）と木に刻み、後醍醐天皇を励ましたという『**太平記**』の逸話で知られる人物だが、実在を疑う見解もある。筆者はかつて叔父のいる倉吉（↑第五部〔和気清麻呂〕）に所要で赴く時、院庄インターチェンジを中国自動車道で通過したが、史跡巡検の時間はとれなかった。北の倉吉市と南の岡山市の中間、中国山地の真ん中あたりに位置する。

なお、院庄インターチェンジから大阪方面に少し東に佐用インターチェンジ（兵庫県佐用郡佐用町）がある。この一帯は**赤松則村**（円心《えんしん》）の拠点。後に赤松家は室町幕府の四職（↑第一部〔讃岐国〕）の一つとなった。

《天保山に着いて》一歩外に出て見てびっくり、大阪が見渡す限り焼野が原ではないか。……《妻の実家を探して》電車線路の通り歩いた。行く手に仄《ほの》かに火が見える。それが何と近寄ってみれば相当の大火である。阿倍野辺まで約三時間を要して歩き、その上、一時間かけて探したが、結局焼けたと結論せざるを得な《かった》。

大阪空襲直後の目撃談である。一面焼き尽くされた都会を歩くのに線路を伝ったとか、遠方の小さな炎が近寄ると大火だったとの一節はリアルである。

祖母の実家は、この頃、印鑑やお茶や文房具などの店を経営していた。当時幼児だった私の従姉は二階から外にいるお手伝いさんめがけて放り出された。家族全員、幸いにも無事に逃げ果《おお》せた。

徴用工／女子挺身隊 ― 勤労動員④

父は翌日夕方、こんな状況下で、どうにかこうにか尼崎の元鐘紡の工場へ着いた。そこでは、ど素人が軍用機をつくっていた。

この工場には地元の兵庫県の中学校と女学校の生徒が来ていた。それに、女子挺身《ていしん》隊員、徴用工、技師としての数学教師、及び、社員、工員で構成されていた。ちなみに徴用工の変わり種には浪曲師がいた。数学教師には技師の役目が与えられていたが、ろくなことができる訳でなく、ほとんど遊んでいた。

女子挺身隊は昭和一八（一九四三）年に始まった女子の勤労動員のこと。一方、徴用工は昭和一四（一九三九）年の**国民徴用令**により重要産業で労働者が不足する場合、国民をそこで働かせるという制度。

先述の森の石松の「食いねえ、寿司を食いねえ」は浪曲（↑第四部〔和歌山／琵琶湖（彦根市）〕）である。浪曲も漫才（↑第二部〔東京の私立大学〕）同様、ラジオ放送（↑第二部〔東京の私立大学〕、〔諸事件〕）の普及に従って人気を博した。

中学生は勉強を、浪曲師は芸能活動を、それぞれ脇に置き、慣れない飛行機づくりに励んでいた。

このエ場は練習機を作っていた。しかし、素人の作る機械の悲しさで、作った発動機がテストで全然動かないことがよくあった。また、この頃には飛行中に空中分解することなぞあった。……意気のみでは仕事にならない証拠であり、大工業国のアメリカには太刀打ちできなかった。

こんな実態を聞くと本当に虚しい。

神風特別攻撃隊（特攻隊）――勤労動員⑤

その後、この工場は空襲された。

工場が空襲されたのを機に、新しい工作機械を据えて体当り機《特攻隊の飛行機》を作ることになった。……空襲された時は、私は任期満了で引き上げた後だったのだが、坂東という小柄な先生が消火作業に大活動して、皆を驚かしたと言う。平時には、その人の真の姿は分からないことが多い。……終戦のどさくさ紛れに、外地で一兵卒が無実の罪で断頭台に上って、仲間のやったことの償いとして世界人の気晴らしになるなら死んでもいいと言って、喜んで犠牲になったということも聞く《BC級戦犯のこと》。しかるに、一方、部下を捨てて安全なところへ逃げた上官はいくらでもいる。人間の真の価値は金の有無や社会的地位の上下ではない。

特攻隊（神風特別攻撃隊）は飛行機などで敵の軍艦へ体当たりする戦法である。特攻は飛行機だけではない。筆者の縁戚に人間魚雷「回天」でたまたま生き延びた人物がいる。インタビューして聞き取っていたのだが、他のルポライターの手で先に公表された。このようなレアケースをライターはそうそう逃さないということだ。

学徒出陣[▲1]をテーマに、いわゆる「最後の早慶戦[▲2]」の映画は二作品あるが、飛行機が敵艦へ突撃するシーンでは実写フィルムが使われている。実際に人が亡くなった瞬間であり、息苦しくなる。また、慶応義塾大学の三田キャンパスには「還らざる学友の碑」がある。これを初めて見た時は胸が熱くなった。

戦争犯罪人（戦犯）はA級、B級、C級に分かれる。**A級戦犯**は戦争の指導者だが（東条英機など）、現地の末端の兵士が過度の責任を問われて処刑されたのが**BC級戦犯**（↑第五部（御茶ノ水／千葉））である。これには『私は貝になりたい』という名作がある。

▲1 法文系の大学生の徴兵猶予を停止して、戦場に送ったこと。

▲2 学徒出陣を前に早慶の野球部が早稲田の安部球場で行った試合。

終戦の御前会議 ── 敗戦体験①

日本は戦争に敗れた。

軍人が政権を握っていたが、……最後のどん詰まりの和戦決定の御前《ごぜん》会議においてすら、「死中に活を求める」と変な言葉を以て、最後まで戦争を続けようと主張したのは、陸軍を代表する阿南惟幾《あなみこれちか》陸軍大臣だった。個人なら死中に活を求める努力もまた貴い。……政治としては死中に活を求むべきでない。だから、戦争終結と断を下された天皇は正しい。

昭和二〇（一九四五）年八月九日深夜に開始された**御前会議**（天皇臨席の会議）において、**東郷茂徳**《しげのり》外務大臣の**国体護持**（天皇制維持）を条件に**ポツダム宣言**を受諾するという意見に対し、**阿南惟幾陸軍大臣**は「この際は宜しく死中に活を求むる気迫を以て、本土決戦に邁進するを適当と信ずる」と言った。天皇の聖断で東郷外相案となった。

バルチック艦隊を見付けた船 ── 敗戦体験②

満州にいた弟夫婦は母（筆者の祖母）の遺骨と共に帰国した。

敗戦は昭和二〇年八月一五日で、……昭和二一年八月二五日、弟は《長崎県》佐世保に上陸した。帰国船は日露戦争の時に名を売った信濃丸という船だった。

佐世保は近代以降の日本有数の軍港である。ここに父の弟が満州から信濃丸で引き揚げて来た。この船は興味深い。明治三三（一九〇〇）年、明治日本が海洋国家を目指す中、**日本郵船**（日本を代表する汽船会社）の商船として建造された。日露戦争時には仮装巡洋艦となり、ロシア・**バルチック艦隊**を最初に発見し、一躍その名を馳せる。敗戦後の昭和二一（一九四六）年にはソ連や中国からの引揚船となった。商船として、巡洋艦として、引揚船として、近代日本を見続けた。

《弟は》民間の建設会社から特別調達庁《後の防衛施設庁》、転じて建設省に入り、今日《昭和三〇年頃》に及んでいる。東京高等工学校《現芝浦工業大学》を卒業して以来、一日も失業したことなく、誠に幸運な人である。特別調達庁というのはアメリカ占領軍の御用を承る役所で、小は洗濯物の世話から、大は家屋建築にまで及んでいる。

占領軍はＧＨＱ（連合国軍最高司令官総司令部）、司令官はダグラス・マッカーサーであることは言うまでもない。

マッカーサー元帥／三種神器／冷戦――敗戦体験③

マッカーサーは日本に君臨した。

後日の話だが、占領軍の大将マッカーサー元帥から日本人は一二歳国民だと言われた。私は思う、日本人には時の権力者に無条件に媚びるという風習が、今日、なお根強く残っている。これは封建精神の名残だ。……テレビができても、電気洗濯機ができても、世は原子力時代でも、人の心は徳川時代と大差ないではどうしようもない。……西ドイツのアデナウアー首相は……実に骨があるそうだ。

先に記した吉田ゼミ（↑第四部（六甲山／奈良／橿原神宮））は今も続いている。四〇年に及ぶ。吉田ゼミは、それぞれの時代の史料を講読することで、古代から現代までの歴史を学んで行くという気の遠くなる道程を歩んでいる。最初「記紀」（古事記、日本書紀）に始まり、それに続く『続日本紀』に入ったあたりで、かつて筆者は参加した。その後、受講は途切れたが、過日三〇年ぶりに顔を出した。すると、話題は太平洋戦争の敗戦になっていた。読んでいたのは山田風太郎の『戦中派不戦日記』であった。奈良時代（続日本紀）が二〇世紀になっていた。月日の経過を実感した。

そこで読んだ山田の日記に興味深い一節があった。石川達三は第一回芥川賞受賞者として、受賞作『蒼《そう》氓《ぼう》』と共に人々に記憶されているが、その石川を山田が痛烈に批判していた。
『暗黒時代は去れり』と本日の毎日新聞に石川達三書く。……今の日本人の根性を叩き直すためにマッカーサー将軍よ一日も長く日本に君臨せられんことを請うという。……ああ何たる無責任、浅薄の論ぞや。彼は日本現代の流行作家の一人として、戦争中幾多の戦時小説、文章、詩を書き、以て日本民衆の心理の幾分かを導きし人間にあらずや。開戦当時日本の軍人こそ古今東西に冠たるロマンチストなりと讃仰《さんぎょう》の歓声あげし一人にあらずや。……かくのごとき論をなして、自らは悲壮の言を発せしごとく思うならば、人間に節義なるもの存在せず、君子豹変は古今一の大道徳というべきなり。……この人、まだ事態一変せんか。『いや、あの時代はあのように書くより日本の甦生《そせい》すべき道あらざりき』などといいかねまじ。……彼には書く権利なく、資格なく、義務なし……」。

　開戦を迎えては時の軍部を称え、敗戦に臨んでは占領軍に迎合すると論難している訳である。これは「時の権力者に無条件に媚びるという風習が、今日、なお根強く残っている」との父の指摘と完全に合致する。

戦後の一九五〇年代になり、ここに記された「(白黒)テレビ」と「電気洗濯機」に「電気冷蔵庫」を加えた三つが「**三種神器**《さんしゅのじんぎ》」と呼ばれた。本来の三種神器は皇位継承の象徴として伝えられる鏡、剣、勾玉《まがたま》の三種の宝物のことである。

　幼き筆者はテレビのある二軒隣の校長宅が羨ましかった。五、六歳の頃(昭和三六~三七年頃)、いよいよ我が家にテレビが来た。うれしかった。映画『ALWAYS　三丁目の夕日』▲に描かれているテレビ到着の歓喜の場面は大袈裟ではない。人々の気持ちはあの通りである。我が家のテレビはシャープ製。四角の本体を細い四本足が支えていた。昭和三八(一九六三)年、井伊直弼(←第二部〔鈴ヶ森〕、第三部〔世田谷/姫路〕、第四部〔和歌山/琵琶湖(彦根市)〕、第五部〔越後藩〕)を描いた第一回NHK大河ドラマ「花の生涯」を両親と見たことを覚えている。

▲『ALWAYS　三丁目の夕日』の舞台は東京タワーのすぐ近くとの設定だから港区であろう。父の故郷である。

　原子力時代と父は言ったが、この裏付けとなる**原子力基本法**は昭和三〇(一九五五)年の制定である。

西ドイツ（ドイツ連邦共和国）は米ソ対立で生まれた分断国家で、アメリカ側（西側陣営）の政府である。もう一つはソ連側（東側陣営）の東ドイツ（ドイツ民主共和国）。この両ドイツは平成二（一九九〇）年に再統一された。

戦後インフレ――敗戦体験④
学校も社会も荒れていた。

話を阿波中へ戻す。《戦後の》自由の嵐は片田舎にも吹いて来《た。》……戦時中の押さえられた反動もあっただろう、……土足で校舎に上がったり、授業を真面目に受けなかったり、これを自由と信じていた。……二～三年続いた。……重厚な校風ががらがらと音を立てて崩れ……校長も教師も自信を失い、……インフレに基づく生活の脅威にあって気迫を失い、ただおろおろしながら生徒を遠巻きにして《いた。》

……現金は誰も持っているが、物が手に入らない。そこで買い漁《あさ》りが始まり、物が高くなる。すべての商品は**公定価格**によって縛られているから、商人はどんどん闇《**闇市**《やみいち》》へ商品を流す。しまいには**闇物資**が常識になってしまう。インフレはインフレーションのことで金の値打ちが毎日下落し、物の値打ちが毎日増す。インフレとは誠に恐るべきもので、貯金は無意味である。……闇買いも嫌だとなれば、……どこかの判事さんのように飢死が待っていたばかりだ。

敗戦後、学校が荒れたとは知らなかった。旧制中学校は本来エリート校だから、突然生じたこうした状況に慣れない教師はうまく対応できなかっただろう。

品不足の中、**公定価格**は無論のこと無視し、商人は統制を外れた販売ルートに諸物資を流した。この闇（闇市）で品々が高額の**闇価格**で取り引きされた。当然、この行為は違法である。法の番人たる東京地方裁判所の山口良忠判事は**闇物資**の購入はできぬと餓死した。

こうした戦後の激しいインフレを抑止するため、**幣原**《しではら》**喜重郎**《きじゅうろう》内閣は昭和二一（一九四六）年、**金融緊急措置令**を出した。

既述の山田風太郎は医学生で、敗戦当時は学校が空襲され、長野県飯田にいた。この地は明治時代の自由民権運動の激化事件の一つ**飯田事件**で知られる。

彼は飯田の農家から一五貫（一貫、三・七五kg）のリンゴを買った。一貫は一六円だった。購入した山田に売った農家が言った。もし警察官に見咎められたら「値は勿論《もちろん》公定（価格）で一貫三円……気をつけておくんなしょ、うるそうござんすけん」。

山口判事はこれができなかった訳である。

昭和一七《一九四二》年九月から昭和二六《一九五一》年三月まで阿波中・高に勤務した。八年半である。一瞬の間であったように思うのは、苦のない生活だったからだろう。敗戦に伴うインフレ、食糧難、衣料難、住宅難の時代を、暴風の中心から外―田舎―で過したのは幸いだった。

確かに、そんな時を地方村で暮らせたというのだから、父は強運の持ち主である。

アメリカ教育使節団 ― 敗戦体験⑤

日本の教育制度は大きな変更を迫られた。

昭和二一《一九四六》年……、第一次アメリカ教育使節団が調査にやって来た。結果において、日本の教育を根底から揺さぶった。ついで、昭和二五年……第二波《第二次アメリカ教育使節団》が来た。昭和二二年四月から新制度による義務制の中学校が発足した。……名は旧制の《エリートの》中学校と同じでも、その実質、内容において全然違う。……従来あった《小学校卒業者で旧制中学校に進学しない者が入る》二年制の高等小学校が一年延びて、名が中学校に変わったという程度のものから始まった。

旧制中学校と新制中学校の違いがよく分かる。

昭和二三《一九四八》年に新制度の高等学校が発足した。それで徳島県立阿波中学校は徳島県阿波第一高等学校となった《現在は徳島県立阿波高等学校》。

……昭和二四年には新制大学ができて、ここに「六（小学校）、三（中学校）、三（高等学校）、四（大学）」の新制度が確立した。別に二年の短期大学もできた。

……新教育体制では、かつての専門学校はほとんどすべてが大学に昇格した。昭和三〇年現在で、大学が五百近くあるはずだ。五百なんて全くべらぼうな話だ。……文化国家だと一概に喜ぶ訳には行かないだろう。

こうして今日の六・三・三・四制が整えられた。大学は現在は八百近くある。

国定教科書／検定教科書 ― 敗戦体験⑥

英語の新しい教科書も生まれた。

英語の教科書……《は》……戦争末期には「決戦的」な内容のものを使用させられた。

……《戦後》、中学校用と高等学校用が一種ずつできた。これは半ば国定《教科書》だった。

……昭和二四《一九四九》年から検定教科書が続々と出て来て、どれを選定してよいやら迷うという時代が昭和三〇年の今日まで続いている。

教科書は戦前は**国定教科書**であった。戦後は民間で作成し、**文部省**（現文部科学省）の検定を経る**検定教科書**となった。昭和四〇（一九六五）年、家永三郎東京教育大学教授は教育の国家統制であるとして**教科書裁判**を起こした。

東京教育大学が元は東京高等師範学校で、現在は筑波大学につながることはすでに述べた（↑第二部〔石門心学〕、第三部〔東京高等師範学校〕）。

戦後、教職員の組合が合法的に認められたことは文化の一歩前進であった。……日本教職員組合（日教組）の運動は特に活発である。

……《昭和二九（一九五四）年に公布された》教育の中立に関する二つの法律がある《いわゆる教育二法》。……こういうもの《は》……避けるのが賢明だ。私は英語だから、政治なぞはどうあっても論じないことにしている。

……英語学と英文学だけ守っている。

日本教職員組合は教育の民主化を掲げ、教育界に力を持った。一方、政府は教員の政治活動を抑えるため**教育二法**を定めた。当然**日教組**はこれに強く反対した。

戦後、朝鮮から引き揚げて来たUという英語教師がいた。《東京》高等師範《学校》付設の臨時教員養成所を出て、高等教員（専門学校、大学の先生）の検定にパスしたと言う。……実力はあった。他教科の先生までもが彼に色々英語を聞く。そばで話が聞こえて来るが、鼻につく。それほど偉いのなら、《英語学者の》齋藤秀三郎氏や岡倉由三郎氏《岡倉天心の弟》の向こうを張る辞書でもお書きになったらと言ってやろうと思ったが、言わなかった。というのは、この人は学問に対する自信過剰さえなければ、誠に愛すべき好人物だった。

岡倉天心は先に述べた越前（福井）藩士の出身で、明治時代を代表する美術評論家・指導者。白鳳文化で学ぶ**薬師寺東塔**を「**凍れる音楽**（frozen music）」と評したとされるお雇い外国人の**フェノロサ**に師事し、**東京美術学校**（現東京芸術大学）の設立に尽力したことなどで知られている。

広島 ── 心気一転、池田へ

父は阿波高校《新制高校》から転出した。

昭和二六《一九五一》年四月、県下の最西端、池田町の池田高等学校へ転任した。校長は加藤惣一。この人は、この年、郷里の広島へ戻り、中学校長になった。……《八年半勤務した旧制阿波中学校、その後新制》阿波高から転じた理由は草深い純農村の生活に飽きたからだった。戦後の生活しがたい時代を平和に過ごし得た有難味を忘れたのではなかったが、少しは文化的なところに住んでみたいと思って転任希望を出したら、では池田でどうだということになった。

こうして、いよいよ本書の冒頭で触れた四国のヘソ、阿波池田に父は向かった。筆者の誕生は近い。

池田高校はかつて蔦文也監督のもと野球部が一世を風靡した。春二回、夏一回の優勝と春一回、夏一回の準優勝という燦然たる実績を誇る。筆者は物心ついた時から、何かに取り憑かれたような蔦野球の尋常ならざる猛練習を、池田高校グラウンド内に建つ一戸建ての教員宿舎で見て育った。そして、周囲から凄まじい誹謗中傷を浴びていることも子供ながらに知っていた。だから、筆者がすでに阿波池田を離れ、東京に住み、社会人（高校教員）になっていた昭和五七（一九八二）年夏の初優勝には掛け値なしに脳天を撃ち抜かれた。

「蔦さん（父がそう言っていたから、筆者もそう呼んでいた）、本当にやっちまったんだ」

世俗的地位を求めるのではなく、一つのことに打ち込み、それを成就させる生き方に強烈な感銘を受けた。徹底的な自己実現の追求を教えられた。池田高校野球部とは無縁のところに、無言の教えを受け止めて生きている人間（筆者）が一人いることを蔦先生が知る由もない。

入れ違いの校長の故郷は**広島**。豊臣秀吉の正室の係累の浅野家が藩主だったことは、これまでに何度か述べた。居城は**広島城**（↑第四部（賤ヶ岳の七本槍））。城の別名は鯉城《りじょう》。地元のプロ野球球団の愛称カープ（CARP＝鯉）はここに由来する。なお、CARPは単複同形。小学生の時、父から同じ事例で教わった。

筆者は小五から父に英語を習っている。現在は隠れ英語教師。中高の英語の教員免許を持っている。県立相模原総合高校で「国際文化比較」という学校設定科目を発案し担当した時に、英文で書かれたカンボジアの民話を教えた。これが高校で英語を教えた初の実践となった。余りにうれしく、友人の神奈川県立高校英語科教諭の有沢稔さんと筆者の母校都立武蔵高校の恩師（英語）高島俊惠先生にメールを入れたものであった。

有沢さんは早稲田大学教育学部の出身。ここはかつては早稲田大学高等師範部で、父が出た法政大学高等師範科同様、中等学校の教員養成コースであった。旧制の高等師範科（部）は日本大学（↑第二部（東京の私立大学））や国学院大学などにもあった。官立の高等師範学校は何度か触れた東京高等師範学校（現筑波大学）、そして広島高師（高師は高等師範学校のこと）、金沢高師などがあった。

実は筆者は大学入学時は語学を勉強するつもりであった。受験したところは上智大学（↑第二部（吉祥寺））外国語学部ドイツ語学科、早稲田大学教育学部英語英文専修、慶応義塾大学（↑第一部（慶応））文学部、早稲田大学文学部である。前の二つは学科・専修での募集、後の二つは学部での募集。筆者は早稲田大学文学部しか受からなかった。ここは入学後に専攻を決める。そこで当初はドイツ文学専攻に進み、ドイツ語と英語を勉強する腹づもりでいた。

ところが、何を思ったか、専攻決定時に日本史を希望してしまった。早稲田に入ってからいつも日本史の本を読んでいたのが原因だ。卒業後、教員採用試験は「社会（日本史）」で受け、神奈川県に採用された。だが、英語の勉強をしていないことがずっと気になっていた。そこで、高校のその日の勤務が終わってから早稲田大学文学部の夜間部に通い、英語の免許を取った。こうしないと父に申し訳ないとの思いがあった。とはいえ、日本史を選んだことは間違っていなかった。歴史の調査研究で、今、人生を満喫している。

結局、筆者は歴史と英語を早稲田の文学部で学んだ。また、後日、早稲田大学大学院教育学研究科修士課程に通い教育学も学んだ。歴史、英語、教育。この三つを活かした筆者ならではの著作はと言えば、「歴史」と「英語」を合体させた「教材」だと思った。そこで『I Want Peace-A Young Cambodian Refugee Has Come to Japan』（一九九八年、相模原市書店協同組合）を書いた。神奈川県在住のカンボジア難民トラン・ソパナ（日本名萩原ソパナ）さんの体験談を高校・大学での活用を念頭に英語教材にしたものである。この英文監修を恩師の髙島先生にお願いした。津田塾大学（↑第二部〈東京の私立大学〉）ご卒業の先生によって教育現場に耐えられるものにして頂いた。同書は知人の専修大学（前身は一八八〇年設立の専修学校）講師や神奈川県内の私立高校あるいは進学塾などが使ってくれた。

昭和二〇（一九四五）年八月六日午前八時一五分、広島に原子爆弾が落とされた。この日、マリアナ諸島（↑第四部〈本土空襲〉）テニアン島から出撃した原爆搭載機の名称はエノラ・ゲイ。機長の母親の名前である。投下された原子爆弾はリトルボーイ（少年）。

▲一日の生活を始めるために多くの人々が外に出ている時間帯。

あわせて長崎も記す。投下は昭和二〇（一九四五）年八月九日午前一一時二分。目標の小倉市（現北九州市）上空に一旦行ったが視界が悪く、投下を断念して長崎に回ったから時刻が昼前になった。飛行機の名はボックスカー。原子爆弾はファットマン（太った男）。この衝撃の事実から、後年、北九州市は小倉城のある勝山公園に「長崎の鐘」を設置し、慰霊を行っている。

読売新聞木田滋夫さんの祖父はボックスカーが上空に来た時、小倉市内にいた。そんな背筋の凍る話は後日知った。命拾いした祖父は仕事の関係で、息子（木田さんの父）ら家族全員で大阪に移住した。木田さんの父は大阪で就職し、職場結婚。木田さんが生まれた。ということは、小倉に原爆が投下されていたら、祖父の大阪行きも、父の大阪での結婚もなかった。つまり、木田さんがこの世に生をうけることはなかった。

第四部一一七頁のカンボジアの現地妻の記事は実は木田さんの筆になる。この文もまた生まれることはなかった。
　小倉城は第二次長州征討（↑第一部〔慶応〕、第四部〔堺〕）の折、高杉晋作が奇兵隊などを指揮し猛攻撃を仕掛け、その後、炎上したことはよく知られている。小倉落城後、まもなく高杉は亡くなった。辞世は「おもしろき　こともなきよを　おもしろく」（↑本書カバー参照）。この詞は筆者の念頭に常にある。皆さんは、どうおもしろく生きるだろうか。前述の池田高校蔦先生は本当におもしろく生き抜いたと思う。

▲小倉藩小笠原家。第一部小笠原氏と同祖（↑第一部〔長宗我部元親〕）

平家の落人――池田高校

池田高校は学科も多く、学区も相当広かった。

《池田高校は》学校としては大校の方である。……《昭和二六年当時》分校が四つ――東祖谷《いや》《現三好市東祖谷》、西祖谷《現三好市西祖谷山村》、三名《さんみょう》《現三好市山城町》、佐野《現三好市池田町》――あって、職員は六〇人くらい。生徒数は千人少々。普通科、商業科、家庭科、農業科と四コースあった。……寄宿舎《きしゅくしゃ》もある。……東祖谷、西祖谷という遠い通学区を持っているので、寮が必要になる。

　祖谷は源氏に敗れた平家が隠れ住んだ落人の里として知られている。阿波池田の南方の山の中。山の奥の奥である。ここを訪れた司馬遼太郎は「平家の落武者たちも、よくまあここまで来たと思った」と感嘆する（前掲『街道をゆく32』）。筆者も何度か訪問したが、現代文明の車を使うから、それほどのものとは感じないものの、徒歩だったら大変なところである。有名な祖谷のかづら橋。あの上に立つのは筆者は怖い。足がすくむ。

先日（昭和三〇年一一月）京都の同志社大学（↑第三部〔源義経／同志社〕）を会場にして全英連（全国英語研究団体連合会）が年次大会をやったのに出席した。……大会に出席し得たのは、徳島県の英語弁論大会に県立池田高校の生徒が二年続けて入賞できた私の努力に対する……校長のお礼だった。
　三日に亘る会議だったが、採択された決議は、①中高英語教師の提携強化　②大学入試問題の簡易化の二点であった。ここに今日の英語教育の悩みが圧縮されている。大学は放っておくと、いくらでも難問題を出す。すると、高校は本来の立場を壊されて予備校とな《る》……、中学は中学で勝手なことばかり言っていて、満足な《英語の学力の》生徒を高校に送って来ない。それでは困るのは一番に生徒だ。二番に高校だ。また、英語のみの向上はあり得ない。全学科の向上が必要だとの話も出た。尤もだと言わざるを得ぬ。五年後、一〇年後には、こんな昔話もあったと笑い話ができるようになりたい。

父が願った通り笑い話になっているだろうか。厳しく言えば、「本来の立場」を見失って予備校と化していないだろうか。「君の進路（受験）に日本史は関係ない。無用の負担になるから選択しない方がいい」と平然と言う教員は当たり前のようにいる。本当にそうなのか。高校での学習の目標は何なのか。高校の「本来の立場」とは何だろうか。何のために高校で日本史（に限らず諸教科諸科目）を学ぶのか。大学受験の効率だけが高校の学習の第一義でいいのか。半世紀前、戦後まもなくの父の問題提起を筆者は咀嚼したい。

御茶ノ水／千葉——養母を尋ねて①

戦争が終わり、池田での生活も安定した。そんな昭和二九《一九五四》年三月の春休み、父は養母くまを探しに、阿波池田駅から千葉県夷隅《いすみ》郡勝浦町《現勝浦市》に向かった。大正一〇年か一一年頃に別れて以来、三〇数年会っていない。だから、現在の住まいも知らない。幼少期の記憶を頼りに、くまの実家を探しあてるしかなかった。

《三月》二二日朝、東京駅に着いたが、直ちに電車に乗り換えて御茶ノ水に至り、千葉行電車（総武線）に乗り込んで、千葉に着いた。九時半頃だった。昔は両国（↑第一部〔両国（武蔵国と下総国）〕）が千葉行の汽車の起点であったが、今では途中の一駅にすぎない。

御茶ノ水と言えば、駅の近くに明治大学や日本大学（↑第二部〔東京の私立大学〕）などがある。また、神田川（江戸城外濠）を挟んだ向こう側には湯島聖堂がある。江戸幕府五代将軍徳川綱吉によって整備された孔子廟。文京区大塚のお茶の水女子大学の前身が東京女子高等師範学校であることは先述の通りだが（↑第二部〔石門心学）、実はこの湯島聖堂の敷地内で産声をあげた。だから、校名にお茶の水の地名を冠する。

筆者は湯島聖堂を管理する斯文《しぶん》会の会員である。元理事長の石川忠久先生とのご縁で入会した。まさか東京（日野市豊田）に出て来た（↑第五部〔土方歳三、平山季重〕）筆者の向かいにお住まいの「石川さんのおじさん」が後年、大学者になろうとは中学生だったガキに分かるはずもない。その昔、ご夫人が「今度主人がＮＨＫに出ますので見て下さい」と筆者の両親に言っているシーンを覚えている。池田高校の蔦先生もしかり、筆者は若木が巨木になった事例を二つ見た。

千葉と言えば、現千葉市内を拠点にした千葉常胤（↑第一部〔房総〕、第二部〔上流階級〕）が思い浮かぶ。一二世紀後半、石橋山の戦い（↑第一部〔房総〕）で敗れ、安房国に逃れた源頼朝を支えた一人である。落ち延びて来た頼朝に「相模国の鎌倉に入れ」と言ったと『吾妻鏡』（↑第三部〔吾妻鏡〕、第四部〔六甲山／奈良／橿原神宮〕等）が伝える。また、水鳥の羽音に戦わずして逃げたという平維盛（↑第四部〔芦屋／神戸〕）軍を富士川の戦いで破った後、そのまま上洛しようとする頼朝に、上総介広常（↑第一部〔房総〕）らと共に、まずは東国支配を固めよと諫めたとも伝わる。この広常は平忠常（↑第一部〔断髪令／読売新聞〕）の末裔と言う。

石橋山は小田原市街の南方の相模湾沿いにある。今日訪れてみると、大きな石碑が往時の合戦を伝えていた。目前は東海道本線、国道一三五号線、壮大な海。ここで頼朝を打ち破った大庭景親（↑第一部〔房総〕）は大庭御厨《みくりや》（伊勢神宮領／藤沢市大庭という地名が残る）を拠点にした武士であった。かつて大庭先生という同僚がいた。話題にしたら、「先祖は偉かったみたいですね」と言った。

石橋山で敗れ洞窟に隠れた頼朝を梶原景時が敢えて見逃したという有名な逸話の後、再起を期して頼朝が安房国に向け舟を出したのは神奈川県真鶴町の岩海岸だと言う。

筆者が取り組んでいるカンボジア支援をフラメンコダンサー山口のりこ先生には長く支えて頂いている。何度もチャリティーで踊って下さった。山口先生はＢＣ級戦犯（↑第五部〔神風特別攻撃隊（特攻隊）〕）でご尊父を亡くされた。その痛恨の思いから戦死者への鎮魂のフラメンコをインドネシア（↑第二部〔鈴ヶ森〕）や高野山（↑第四部（高野山／立命館）で舞っている。

そんな山口先生の真鶴の別荘に、ある時、招かれた。部屋の目前には大きく、果てしなく広がる相模湾の海。その先はもちろん太平洋の大海原。余りの美しさにただ見とれるばかり。その別荘のすぐ近くに源頼朝の岩海岸はある。ちょっと足を延ばしてみた。今は海水浴場となっている。その小さな湾をまたぐように、海上を真鶴道路の近代的橋梁が走り抜けていた。

一方、頼朝の緒戦に敗れた山木兼隆（↑第一部（房総））の供養塔が伊豆の国市の韮山《にらやま》の寺院に建てられている。この近くには、頼朝が流されたという蛭ヶ小島《ひるがこじま》や江戸時代末期の韮山の代官**江川太郎左衛門**（英龍《ひでたつ》）の邸宅、そして江川のつくった韮山の**反射炉**などがある。お薦めの歴史散策コースである。

山木兼隆の末裔は「山木」の文字を「八巻」などに変えて今日に及ぶ。現在約一万名と言う。▲「八巻同族会」を結成し、山木兼隆の顕彰を行っている。筆者は過去に四人の八巻姓を名乗る高校生と出会った。

▲八巻俊雄『八巻一族八百年の歴史』まえがき。

現千葉市内には**加曽利《かそり》貝塚**がある。縄文時代中期から後期にかけての国内最大規模の貝塚である。

ドン・ロドリゴ ―― 養母を尋ねて②

やがて父は千葉を過ぎ、懐かしき勝浦に到着した。

千葉で待つこと一時間少々、房総東線《現在の外房線》に乗り、約二時間で勝浦に着いた。

勝浦駅に着いた父はくまの家を探し歩いたが、どうにも見付からない。そろそろ疲れが出て来た頃、トンネルに入った。

歩いて行くうちにトンネルがあった。トンネル！どこかに見覚えがあった。急に四〇年前の記憶が甦った。確かにこういうトンネルの下を歩いたことがある。ちょっと元気づいた。それから一〜二丁《百―二百m》歩くと、俄然、古い記憶が甦った。地形、家並みに見覚えがある。

……「失礼ですが、くまという名の人をご存知ないでしょうか」。……「それなら私の伯母さんです」と言ったのは少女だった。……「やれやれ、これで遠いところを千葉県まで来た甲斐がありました。……ご無事で暮らしていられると聞いて、こんな嬉しいことはありません。……どこにお住まいですか」。……「御《おん》宿《じゅく》といって隣の町なんです。もう一時間ちょっとするとバスがあるから案内します」。少女は言った。

待つ間、父は海岸を眺めていた。景色が全く違っていた。

後で聞くところによると、……浜の改良工事をやり、防波堤を築いたので、大波が打ち寄せなくなったのだ。浜勝浦《勝浦湾の東側》の海岸に行って、「長大な砂浜」と「だらだら坂を上る途中にある田舎家」を私は探していたのだが、見付からなかったのは当然だった。そんなかつての風景はなくなっていた。四〇年の年月は自然の姿まで変えていた。

……やがて……バスの時間になった。……日暮れ方にやっと目指す家に着いた。ところは夷隅郡御宿町須賀。……三二年ぶりの再会《であった》。

……おくまさんは真先に「母さんは」と尋ねた。

……《その後再婚して》幸せに暮していた。六八歳だった。

……《父の》親父が五〇歳くらいで麻疹をやったという話には二人で大笑いした。互いにまだまだ言い足らなかったが、三二年ぶりの再会に満足した。一泊して、翌朝、二人で写真を撮って別れた。

養母が暮らしていた御宿。ここは**ドン・ロドリゴ**で知られている。彼は慶長一四（一六〇九）年、フィリピンから**ノビスパン**（ヌエバ・イスパーニャ＝メキシコ）に向かう途次、**ユバンダ**《岩和田》（御宿町岩和田《いわわだ》）に漂着した。村人は総出で必死の救助、救命に当たった。海に溺れて体温を失った瀕死の乗組員を女達は自身の肌の温もりで甦らせたと伝えられる。その後、徳川家康が帰国の船を提供し、京都の商人**田中勝介**《しょうすけ》と共に、翌年メキシコに戻った。これに対し、その翌年返礼使ビスカイノが田中と共に日本に来て通商を協議したが、まとまらなかった。

なお、このビスカイノの帰国は伊達政宗（↑第一部〔女義太夫〕）が派遣したかの有名な支倉常長らの慶長遣欧使節（↑第一部〔女義太夫〕、第五部〔海外旅行〕）が乗ったサン・ファン・バウティスタ号であった。

教職追放 ― 養母を尋ねて③

養母宅を出た父は知人を訪ねた。

《その足で》千葉の……手前、誉田《ほんだ》で下りて大阪電気学校の同僚《国史（日本史）の先生》を訪ね、一泊させてもらった。農業会の事務員をしていた。先生でなかったのは……大学の神道部の出身《ということ》で……、マッカーサー元帥から追放をくらった《からであろう》。

この話は**教職追放**である。GHQの指示で「侵略主義、国家主義を鼓吹」したり、「**東亜新秩序**などの政策、満州事変（↑第五部（満州国／関東軍））、**日中戦争**、太平洋戦争（↑第四部（北進政策／南進政策）等）に理念的基礎を与えた」りしたと見なした者を教壇から追放したものである。大学で神道を学び、中等学校で国史を教えていたこの先生は引っ掛かったようだ。

千葉から御茶ノ水、池袋を経て、西武電車《池袋線》の大泉学園の弟の隆三宅へ着いた……。少し疲れが出て、弟宅に予定以上に滞留した。少しふらふら気味で《阿波》池田に帰った。有意義な九日間の旅だった。

池袋駅を出た西武池袋線は上記の大泉学園駅を越え、さらに西に行くと西武秩父線につながり、西武秩父駅にまで至る。奈良時代、この秩父で産出した銅が献上されたことから、慶雲五年が**和銅元**（七〇八）年に改元され、有名な**和同開珎**がつくられた。また、明治時代には自由民権運動の一連の激化事件の一つ**秩父事件**が勃発した。総理**田代栄助**、副総理加藤織平、会計長**井上伝蔵**といったリーダーや多くの人々による一大蜂起。岳母《妻の母》は秩父の出身で、旧姓は井上。といって映画の主人公（『草の乱』）にまでなった数奇な人生をたどった会計長とは無関係である。何度か広い秩父で車を走らせたが、この純朴素朴な田舎の人々が怒りに震えたと思えば、かつてどれほど追い詰められていたかとの思いに駆られる。

善通寺／道後温泉 ― 友有り、遠方より来る

交際が絶えていた中井治君から連絡が来た。

昭和三〇《一九五五》年一月一日、大阪で喧嘩別れした中井治君から賀状が来た。近くの《香川県》善通寺《市》（↑第四部（高野山／立命館））……に旅の一夜を明かすか

ら、来てくれと書いてあったので、その通りに行った。……友有り、遠方より来る。亦楽しからず乎《有朋自遠方来　不亦楽乎》の孔子の文句そのままの私の心境ではある。

　実は会う何日か前の昭和二九年の年末に、私は家内と道後温泉に行き、それからバス……で……高知市に出て……泊まった。その翌朝、家内は《高知市の宿の》洗面所で中井君と出くわしていたらしい。両者は互いに知る由もない。これは後で分かったことだ。……さして大きくもなく閑散としていた宿舎で上と下に泊まり合わせ、家内が会って、私が会わず、互いに知らずして去った訳だ。こういうことは小説の世界のみではないのだ。

　宿の上下に泊まり合わせ、中井君と父が会わず、筆者の母が会っていた話、本当にこんなこともあるのだ。それにしてもかつて大阪で嵐が吹き出し、徳島に流れ着いた父である。それが一三年の時を経て、最良の友、中井君と復交した。

　道後温泉は愛媛県松山市（↑第四部〔賤ヶ岳の七本槍〕）。夏目漱石の『坊ちゃん』の世界。作中で坊ちゃんが多田源氏の血筋であると言っていることはすでに述べた（↑第一部〔多田源氏〕）。目黒郵便局時代の体験で、こんな一節がある。

　県名なしで、いきなり温泉郡なぞと書き出すのが必ずある。これは除けておいて最後に虎の巻を見る。配達が遅れるのは確かだ。温泉郡とは愛媛県だった。さらにひどいのは裏《の通信文》のみ書いた葉書である。表書《宛先》がない。これも非常に多い。全く処理のしようがない。出した本人は「局はけしからん、この間、確かに出した」と力んでいるに違いない。

　折角書いた手紙や葉書である。宛名はきちんと書いた方が良い。ところで、道後温泉はかつて父の言う愛媛県温泉郡にあった。温泉が地名になっていたようだ。万葉集（↑第一部〔讃岐国〕、第四部〔和歌山／琵琶湖〔和歌山市〕〕）の昔以来の名湯と言う。

　温泉が地名になっていると言えば、島根県大田市温《ゆ》泉《の》津《つ》町も同様である。ここは先述の石見銀山（↑第三部〔神戸／浜松〕）の積出港の一つであった。

戦中、戦後――徳島に行って良かった

徳島に行ったことについて、父は次のように言う。

戦中、戦後の苦しい時期を、田舎で暮らせたのは誠によかった。そして、有り難いことにサラリーが高くなって、徳島県から他所へ出がたくなった。池田高校に……定年までいて、その後は東京へ帰って、私立学校へでも行く考えでいる。

徳島で戦争を乗り越え、二人目の妻とは大過なく過ごし、養母と再会でき、そして中井君との関係も戻った。父は穏やかで順調な日々を送っていた。

右の一節で手記は終わる。脱稿して一ヶ月後の昭和三一（一九五六）年三月三〇日、筆者が生まれた。この流れで行けば、筆者の誕生は父の幸福のダメ押しだったのかもしれない。そう思うと、親不孝息子だったことが、今更ながら、悔やまれる。

土方歳三、平山季重――東京都日野市

父は昭和六三（一九八八）年まで生きた。そこで、昭和三一年以降は息子（筆者）が書く。表記は父の文と同じ楷書とする。

東京へ帰り、そして私立学校で教えたいというのが父の考えだった。東京の住まいは弟の隆三が探した。最後まで残った候補は「世田谷区の千歳烏山のマンション」と「日野市豊田の一戸建て」だった。「空中（マンション）に住みたくない」と考えた父は日野市豊田に庭付きの住宅を買った。

私学の職は見付からなかった。だが、日野市の隣町八王子市の公立中学校や都立日野高校など複数の都立高校から非常勤講師の声がかかった。日野高の教え子に後の筆者の妻がいた。

世田谷は第三部（世田谷／姫路）で述べた。

日野市は第一部（女義太夫）で一言触れた通り、新撰組副長土方歳三の故郷である。町のPRに土方や新撰組を前面に押し出している。今は八王子市在住の筆者だが、近年久々に日野市役所に行ったら、土方（の有名な写真）が庁内の案内役になっていた。

彼は戊辰戦争の箱館五稜郭の戦いで戦死した。現

在、土方の生家で、ご親族が個人的に土方歳三資料館を開設している。多摩モノレール・万願寺駅のすぐそばである。

実は数十年前、筆者の母が住まいの自治会で「文化担当」になった時、日野市内の歴史巡りを企画した。その時、土方の兄の末裔の男性の話を伺うことができた。顔付きが土方の写真（日野市役所の案内）とよく似ていた記憶がある。

日野市には京王線平山城址公園駅がある。この一帯はかつて平山季重《すえしげ》の拠点であった。『平治物語』によれば、平治の乱（↑第四部〔芦屋／神戸〕）で二条天皇が御所を脱出する際、これを見逃した源氏方の警備の一人である。二条天皇の脱出後、戦局は平清盛に傾いた。

鵯越の逆落し（↑第四部〔芦屋／神戸〕）では、『吾妻鏡』などによれば平山は熊谷直実と先陣を競った。このライバルの熊谷は、鵯越の後、平敦盛の「青葉の笛」の逸話を残す。

平山城址公園駅前には現在「平山季重ふれあい館」がある。平山図書館、平山交流センターなどが中に入っている。図書館には平山季重や鎌倉時代関連の書籍コーナーが設けられている。地元に関わる名士を顕彰し、市民に親しんでもらおうということだろう。鎌倉市立中央図書館の「鎌倉仙覚文庫」（↑第四部〔和歌山／琵琶湖〕）を思い出す。

跡継ぎを育てる――ドラ息子の人生

筆者は両親の庇護の下、何不自由なく育った。

東京都日野市立日野第二中学校、東京都立武蔵高校、早稲田大学文学部日本史専攻と学んで、一九七八年四月、神奈川県立高校の教員になった。県立上溝南高校（四年）、県立相模原高校（一四年）、県立厚木南高校（四年／定時制）、県立教育センター（二年／教育専門員）、県立自治総合研究センター（一年／主幹研究員）、県立相模大野高校（四年／現県立相模原中等学校）、県立相模原総合高校（一〇年）。ここで退職。以降は年金受給まで再任用として、県立相原高校（一年）、県立弥栄《やえい》高校（四年／最後の一年の校名は相模原弥栄高校）に勤めた。

厚木南高校は厚木市、教育センターは藤沢市、自治総合研究センターは横浜市だが、それ以外はすべて相模原市である。相模原の歴史も興味深い。語りたいことは多々あるが、高校日本史で外せない事柄となると、建武二（一三三五）年中先代《なかせんだい》の乱の折、足利尊氏の弟、足利直義（↑第四部〔芦屋／神戸〕）の命を受け、後醍醐天皇の皇子護良《もりよし》親王を殺害した淵辺義博《ふちのべ》がこの地域の武士である。ＪＲ横浜線に淵野辺駅があるが、この一帯を拠点にした。また、合併で現在は相模原市になったが、かつての津久井郡に生まれた近代の著名な政治家が尾崎行雄（↑第二部〔上流階級〕）である。

ある時、知己の東京新聞記者から、弥栄高校のある相模原市弥栄はかつての満州の弥栄《いやさか》村の引揚者が住んだところだと地名事典に書かれているが、事実かどうか調べて欲しいと言われて探ったところ、誤りだった。そして、市内大野台の一画こそが間違いなく満州引揚者の血と汗と涙の結晶の開拓地だと分かり、この方々の証言を相模大野高校の生徒と共に聞き取り、学内誌にまとめた。

厚木市、藤沢市についてはー言だけ。厚木は中国地方の覇者、戦国大名毛利氏（↑第二部〔上流階級〕、第四部〔堺〕、〔若江城〕）の郷里。また、自由民権運動の大阪事件に関係する事件が市内荻野で起こっている。藤沢市には時宗（↑第一部〔伊予国〕）の遊行寺《ゆぎょうじ》（清浄光寺《しょうじょうこうじ》）がある。大庭景親（↑第一部〔房総〕、第五部〔御茶ノ水／千葉〕）についてはすでに述べた。

「うちはそれくらい出せる。本当に困っている人に回せ」。父は書斎の机の前に座り、こう言った。「早稲田大学に奨学金の申請をしようか」と筆者が言った時のことである。自らが苦労したからこそ言えたのだろう。そして、逆に早稲田への寄付金の用紙を書いていた。

こうした親の有り難さを、失ってから本当に知る愚かな息子である。

海外旅行——晩年

晩年の父は海外旅行が趣味だった。

父は筆者が大学を卒業し、神奈川県に就職した一九七八年三月まで働いた。その後は亡くなるまで海外旅行を趣味とした。西ドイツを皮切りに、イギリス、フランス、イタリア、オランダ、スペイン、ポルトガル等々、東欧を除くヨーロッパのほとんどの国。カナダ、メキシコ、ペルーの南北アメリカ大陸。ついでオセアニア。アフリカはエジプト、モロッコ。トルコ、中国も訪れた。銃社会だからとアメリカには行かなかった。

高校日本史副読本にしばしば掲載されているが、元治元（一八六四）年、江戸幕府がフランスに派遣した武士の一行がエジプトのスフィンクスの前で撮影した写真がある。その随行員の一人に田辺太一なる人物がおり、その娘が**三宅雪嶺**《せつれい》に嫁いでいる。三宅は明治政府の欧化政策に対し**国粋主義**を主張。**政教社**を結成し、雑誌「**日本人**」を発行した。

この三宅夫婦の娘は中野正剛《せいごう》に嫁いだ。中野は**革新倶楽部**、**憲政会**、**立憲民政党**、東方会などで活動した政治家で、**東条英機**内閣を糾弾、その後、割腹《かっぷく》自殺した。幕臣の娘をもらった三宅。国粋主義の親分三宅の娘をもらった中野。趣旨こそ違え、共に時の政府に物申す反骨の士で、二人は岳父と娘婿の関係であった。中野の孫は今、エジプトでガイドをしている。▲1

スペインには「ハポン」（日本）という名字の人々がいる。彼らは支倉常長の慶長遣欧使節（↑第一部〔女義太夫〕、第五部〔ドン・ロドリゴ〕）の血を引くと言われる。そのハポンさん二〇余人が仙台を訪れ、結婚式を挙げたという話がある。▲2 中野正剛のエジプト在住の孫のようにご先祖が通過したエジプトに住んだり、ハポンさんのようにご先祖の「郷里」仙台で挙式したりと、先祖のご縁の中で生きるのも面白い。

▲1 二〇二〇年四月二九日、東京新聞。
▲2 二〇一九年八月八日、河北新報。

エジプトとスペインをあげた。父の記した国々について、日本と関わりのある事件や人々を取り上げて行けば興味は尽きないだろう。ちょっと考えるだけで、色々頭を巡るが、いくら何でも切りがない。それだけで一冊になりそうだから、やめておく。

上に政教社が出て来た。この国粋主義のグループの創立者の一人に**井上円了**《えんりょう》がいる。哲学館（後の東洋大学）の設立者である。筆者のNGO活動の屋台骨（副代表）であった故日高邦夫さんは東洋大卒で、井上のつくった中野区にある哲学堂（現哲学堂公園）に来て勉強したものだと昔を懐かしんでいた。ここに行けば、古今東西の哲学者を学ぶことができる。

父は時々開かれていた西桜小学校の同窓会に出掛け、担任の関口六郎先生はじめ、かつての同級生と語らうのを楽しみにしていた。富山県に移った中井君とも時折会っていたようだ。胃癌で二度手術し、昭和六三（一九八八）年二月二〇日、八王子市の仁和会総合病院で亡くなった。七九歳。

その前年の昭和六二年のある時、父は右横から筆者をまじまじと見て、言った。

「君のプロフィルを見ていると、壮年になったな」。筆者は三一歳になっていた。生意気な筆者に対し、気付かぬうちに大人になったという祝福のように聞こえた。忘れることのない贈物となった。

忠臣蔵（西新橋）から白地（阿波池田）へ
―― 因果はめぐる

父は忠臣蔵が好きだった。

田村邸（↑第一部〔高橋由一、「鮭」〕）が物心ついた芝区の自宅に近かったためだろうか、父は赤穂事件が好きで、子供の頃から筆者によく話をした。その影響だろう、筆者は長ずるに及んで、西新橋の田村邸跡地をはじめ忠臣蔵関連史跡をあちこち訪ねたり、本所松坂町の吉良邸跡（↑第一部〔両国（武蔵国と下総国）〕）から泉岳寺まで、討ち入り後の四十七士のたどったルートを歩いたりするようになった。

東京都中野区の功運寺に吉良義央の墓がある。そこには赤穂浪士と戦った「吉良邸討死忠臣墓誌」（傍点筆者）も建てられている。映画やドラマを見ていると、吉良家の家臣は主君浅野内匠頭の仇をとろうとする赤穂の忠臣の妨害者でしかない。だが、彼らは間違いなく、主君吉良義央を守ろうとして戦い死んだ吉良家の忠臣である。

星新一に『ああ吉良家の忠臣』というパロディーがある。「浅野家の残党ども四十数人が、予告もなしに侵入し、無抵抗にひとしい老人の吉良義央を殺害した」という一般の理解と違う前提で話が進むから面白い。見方を変えれば、その通りである。

亡き父を思いながら忠臣蔵の史跡巡りをしていたら、それが思わぬところで阿波池田につながった。

功運寺には、吉良と共に、近代の作家林芙美子《ふみこ》の墓もあった。林扶美子は昭和一六（一九四二）年五月、阿波池田を訪ねている。

「木曾路はすべて山であると、《島崎》藤村の夜明け前（↑第一部〔慶応〕）の始めにある言葉を思ひ出した。この阿波池田の町は、木曾の山の中のやうに、どっちを向いても山ばかり」（林芙美子『國土巡禮　扁舟紀行』）と言う。確かに彼女の指摘の通り、池田町ウエノ（池田は地名を片仮名で表す特徴がある）の高台に建つ池田高校のグラウンド内にあった我が家（官舎）の正面から見る阿波池田の町並みの向こう側（南方）には、遠く祖谷を抱く山々が聳《そび》えている。一方、我が家の裏手（北方）には、真横を流れる吉野川を挟んで阿讃山脈（↑第一部〔讃岐国〕）が目の前に迫っている。

筆者の幼少期、早朝、目覚めると、阿讃山脈を覆い隠すかのように立ちのぼる朝霧は見事だった。そして、その朝霧の中を「ホ、ホ、ホ、ホッホッー」という規則正しい雉鳩（山鳩）の鳴き声が響き渡る。子供（筆者）には鳥が鳴いているのか、人工の何かの連絡音か判別がつかず悩んでいた。

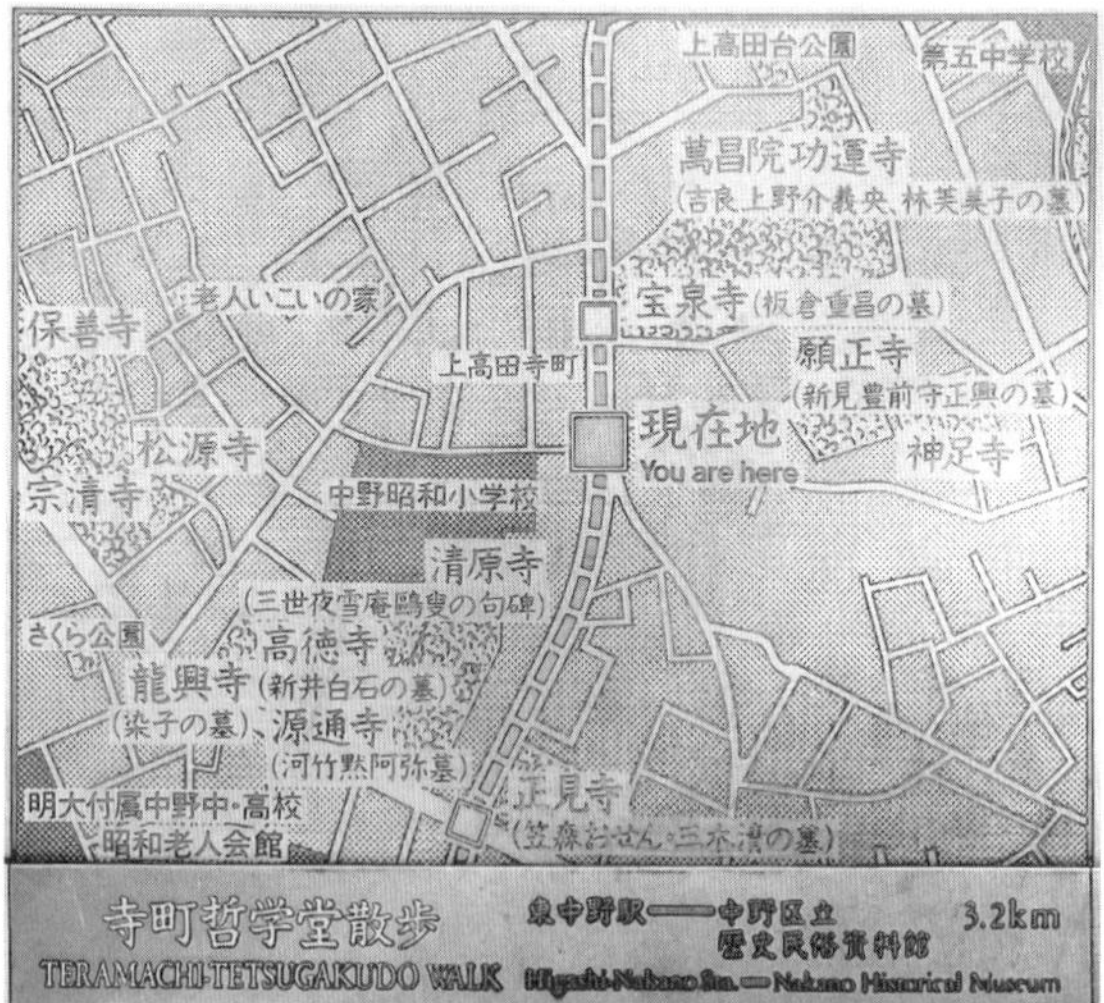

中野区にある散策図。右上に功運寺（吉良上野介義央と林芙美子の墓）とある。また、近くには板倉重昌、新見正興、新井白石、河竹黙阿弥、染子（柳沢吉保側室）、三木清など歴史に名を残した人々の墓所が並ぶ

林芙美子は祖谷に足を運んでいる。

「川は段々谷底深くなり、道は山ぎはに棚を吊ったように高くなってゆくばかり。……こ、へ飛び降りたら助からないなと思う。……平家の落武者が、この山

へのがれて部落をつくったと云ふことだけれども、一寸見ては人の住むところとも思はれぬやうな深山幽谷の一寸した空地々々にも、色づいた麦畑があるのを見て、何となく尊いものを感じた」（林『國土巡禮　扁舟紀行』）。

司馬遼太郎が「平家の落武者たちも、よくまあここまで来たと思った」と評したとは先に述べた（↑第五部〔平家の落人〕）。

林芙美子の文章で時代を映す一節がある。

「こんな山の中の狭い土地をたがやしたりしないで、廣い満州へでも分村すると云う人達はゐないのでせうかと聞いてみると、その人は、この祖谷の人達は、この山への愛着心が深くてとてもこゝを離れて住む人はゐないでせうと話してゐた」（林『國土巡禮　扁舟紀行』）

ところが、実際には行っている。四平省双遼県に入った百十余名の祖谷郷開拓団である。敗戦の決まる前の八月一二日に引き揚げを始め、朝鮮経由で九月三日に仙崎（山口県）に帰国している。▲

▲満州開拓使復刊委員会『満州開拓使』（一九八〇年、全国拓友協議会）四九三頁。

その祖谷からの帰路、彼女は麓の白地《はくち》に投宿した。本書冒頭で紹介した長宗我部元親所縁《ゆかり》の地（↑第一部〔長宗我部元親〕）だが、泊まった旅館は白地城の目前の国道沿いだった。

「大きい窓から、きれいな吉野川が眼の下に見えて、朝夕幾度となく向うの川岸を汽車が走って行った。風の吹く日は、山の木が白く波立ってみえるし、暑い日は、山の木がこんもりと薄黒くみえて、この山村の眺めのうつりかはりを見てゐるだけでも仲仲愉しい。……十日ばかり泊っている間に、このあたりの山紫水明な景色がすっかり氣にいってしまった。再び来ることがないだらうと思ふせゐか、この山や川の景色は早々に旅立つのが何となく名ごりをしい感じである」（林『國土巡禮　扁舟紀行』）。一〇日の滞在から林芙美子は『めかくし鳳凰』と『旅人』の二編を世に出した。

筆者は子供の頃、両親から林芙美子が阿波池田に関係があると教えられた覚えがある。また、代表作『**放浪記**』の映画かテレビドラマを、幼き頃、見たような気もする。「花の命は短くて苦しきことのみ多かりき」との有名なフレーズのナレーションが耳に残っている。

放浪は奥行きの深い言葉だと思う。すでに述べたように筆者の祖父は樺太へ、北海道へ、台湾へ、中国へ、三池へと、文字通り放浪をした。恐らく明治という時代に膨張、拡張する日本を己が目で見ようとしていたのだろう。家族はいい迷惑だが、当人は日本の変革の時代の空気を吸ってやろうと必死で生きていたのだと思う。

江戸っ子の父は大学卒業後、中等学校の英語教師になりたくてもなれず、伊豆の小学校、伏見のデパート、東京目黒の郵便局などを転々とした。ついに遠き大阪の地で念願を果たしたが、さらに全く予想だにしなかった徳島にまで流れ着いた。これも放浪と言えよう。

筆者は両親のお蔭で順風満帆で学生時代を終え、大学卒業後、すぐに高校教師になった。しかし、高校教育内に地位を求める生き方に関心はなかった。これは幼少期から目前で見ていた蔦文也先生の影響が大きい（↑第五部〔広島〕）。ある甲子園の有力高校の野球部の監督が野球部を離れ、自校の教頭になったと報じられた。その時、思ったのが、「まだ優勝していないではないか」だった。この高校は準優勝が最高だった。甲子園の優勝より教頭を選ぶ意味が分からなかった。

筆者は高等学校地理歴史公民科の教師になった。従って、あるいは、だからこそ、日頃、「どのような社会的関わり」を以て職務を全うするかを真剣に模索した。つまり、「高校生にソーシャルスタディーズ（社会科教育）を行う際のベースとなる実践と研究のフィールド」をどうするか。どんな研究をして、どんな授業をするか。この自問自答を続けた。

一時、満州の研究に足を踏み入れたこともある。歴史体験の収集・保存をテーマにしたこともある。あるいは教育委員会の末席に身を置き、社会科教育なるものを追究しようとしたこともある。つまり、アイデンティティの模索で放浪した。今風に言えば、ずっと「自分探し」の旅をしていた。

結局はカンボジアの支援と研究を中心に据えた。そして、カンボジアの貧困層の生活改善に多少なりとも関与し、従来判然としなかったポル・ポト派の秘密基地を世界で初めて踏査し、[▲1]そしてポル・ポト派の中枢にいた人達の秘話を初めて公表した。[▲2]こうした独自の経験や調査研究を通して培った自らの社会的な物の見方・考え方を踏まえて、高校の地理・歴史・公民を、他者の研究や教材研究の受け売りではなく、自身の肉声で少しは語れるようになったのではないかと思う。

▲1『気が付けば国境、ポル・ポト、秘密基地』（二〇一〇年、アドバンテージサーバー）。『クメール・ルージュの跡を追う』（二〇一二年、同時代社）。

▲2『ポル・ポトと三人の男』（二〇一七年、揺籃社）。

実はある時期から、筆者の授業は生徒諸君の声を拾いながら進める形態となった。一方的に語るのではなく、生徒諸君の純朴素朴な、鋭く魅力溢れる意見、疑問など若い感性を取り込みながら授業を構築するやり方である。調子良く行った時は、さながらＭＣとゲストのトーク番組のようになる。その一時間の授業で学んで欲しい大枠のテーマはあるが、どう展開するか具体的な姿は生徒諸君がどんなことを言うかにかかっている。この方法は筆者自身が楽しくてならない。

もう一つ貴重なフィールドを筆者は得た。ＮＨＫの地歴公民、社会科関連の番組制作に三〇年程、関わったことである。教室内の決まった人数を相手にする授業とは違い、全国の不特定多数を相手にする教材（教育番組）をつくることは何物にも代えがたい勉強となった。原案作成、台本監修、テキスト執筆。この番組づくりを通して、まあ勉強させて頂いた。

この時知り合ったディレクター牧野内康人さんとは、その後も長くご交誼を賜り、二人して今も一緒に歴史散策を楽しんでいる。色々なところを訪ねたが、文京区小日向のシドッチの話（↑第三部（加賀前田家／本妙寺／シドッチ））を聞いた時も牧野内さんに同行して頂いた。現在は多摩川の羽村取水溝から四谷まで玉川上水（江戸幕府が江戸市民のために引いた上水路）四三キロを少しずつ区切って散歩中。小金井公園付近まで来た。もう少しで筆者の母校都立武蔵高校脇を通過する。こんな話をしていたら、ＮＨＫで日本史講座の講師を務めた大学教授が我々に、「仕事での付き合いがプライベートなものになるのは幸せなことですよ」と言った。確かにこの指摘には奥が深いものがある。

祖父も、父も、筆者も親子三代、違った放浪をした。しかし、これはもちろん我々だけの話ではない。すべての人間は形こそ違え、みな放浪の人生を送るのであろう。若い世代の興味深い放浪が待たれる。

白地を拠点に四国を征服し、白地を追われて土佐に戻った長宗我部家はその後どうなったか。元親の子、長宗我部盛親は関ヶ原の戦いで西軍に付き、改易された。この後、京で寺子屋の先生をして生計を立てたとも言われる。家の再興をかけて大坂の役では豊臣に付き、八尾若江で戦っている（↑第四部〔若江城〕）。だが、結局土佐の回復は叶わなかった。土佐には山内家が入った（↑第一部〔土佐国〕）。

高杉晋作の辞世「おもしろき　こともなきよを　おもしろく」は先に紹介した（↑第五部〔広島〕、本書カバー参照）。この後をどう続けたものかといつも思うのだが、なかなか難しい。

カンボジア支援の中で、ひょんなことでカンボジア王国情報省アドバイザーになった。情報省に聞いたところ、日本人は初めてと言う。日本で世俗の地位に関心のない生き方をして来た筆者だが、このカンボジアの地位は心地よい。こうしたことを望んでカンボジアと関わって来た訳では全くないが、オンリーワンという意味で、「おもしろき　こともなきよ」が「おもしろく」なった。

一方、「特定非営利活動法人インドシナ難民の明日を考える会」は令和二（二〇二〇）年度外務大臣表彰を受けた。もちろんのこと、こちらもアドバイザー同様、こうしたことを意識して活動して来たのでは全くないが、「おもしろき　こともあるよ」になって来た。

既述（↑第四部〔六甲山／奈良／橿原神宮〕）の『閑吟集』の一節、

「一期は夢よ　ただ狂へ」

この言葉は常に我が念頭にある（↑本書カバー参照）。さて、どう狂おうか。それには「狂う」をどう解釈すればいいものか。少なくとも「世間一般の常識的生き方でない」とは言えるだろう。となると、これは「ばさら」（↑第一部〔讃岐国〕）である。ばさらとは、合理性に欠ける既成の権威や伝統を否定するアクションだから、常識を逸脱した「狂った」生き方となる。

しかしながら、そこには「狂い方」というものがあるだろう。ばさらにはダイヤモンドの意もあるようだ。従って、ばさらになるにはダイヤモンドのように硬い、不動の内面の確立が必要ということだろう。これなくして狂えば、ただのスネモノと言えよう。

ばさら大名の代表格、佐々木道誉の末裔の京極氏が支配した丸亀藩（現香川県丸亀市）と多度津藩（現香川県仲多度郡多度津町）を筆者は幼き頃、走り回っていたというご縁もある。残りの人生、きちんと狂いたい。そのために「自分探し」の旅をもう少し続けてみようと思う。

解説

歴史はどこにあるのだろう

歴史は目に見えない。五感で確かめられないから、なんとなくの漠然とした印象しか持ちえない。空気や時間みたいなものかもしれない。

空気なら、冬場、かじかんだ手にハァっと息を吐きかければ可視化できる。そこまでしなくても、風が起これば頬に感じられよう。時間は時計によって捕捉可能だ。

では、歴史は？　それはどこにあるのだろう。

多くの人、特に中高生は、教科書や参考書、図説、年表などを真っ先に思い浮かべるのではないか。そこには、確かにこれまでの人類の足跡が記されてはいる。

しかし、テキスト化された歴史はどこか寒々しく、血の通っていない剥製のように感じられる。地理的にも時間的にも遠い世界の出来事であり、自身の人生、日々の生活とは分け隔てられたものと思いがちだ。結果として、「歴史＝暗記、暗記＝つまらない」の図式が生まれ、苦手な中高生を大量に生み出すのではないか。

永瀬一哉さんによる本著『父と子が　共に紡いで　高校日本史――紙上歴史散策――』は、お父上である宏一さんの自分史を丹念に紐解いた、一風変わった日本史読解書だ。高校日本史の教諭という立場から、お父上の経験された事象を微細に調べ、そこから芋づる式に派生する日本史上のイベントや人物を丁寧に開陳してゆく。芋づるはどこまでもどこまでもつながり、キリがないので途中で切り落とさざるをえなかった箇所も多いようだ。

ご家族の遺された自分史原稿をそのまま発行するのではなく、こうして細かく注釈を入れた本は珍しい。その途方もない労力によって、単に個人的でしかなかった記録が、いつの間にか公的なそれへと昇華していく。これは、今後、自分史を出版する人への大いなるヒントともなっている。

例えば、約百年前の関東大震災。宏一さんは中学校時代にこの大災害を経験している。その筆は生々しい。「下手に外へは行けない。瓦が降り、地面が割れるかもしれず、電線が垂れて来る……。といって、動かないのが最上の策とも言えない。……生きるも死ぬも天命と言いたい」と書くほど、死と隣り合わせの瞬間だった。

戦争や災害など、大勢の人を巻き込むような同時代的出来事では、公私が交差しやすい。つまり一市民が歴史に非常に接近するのだ。見渡す限り焼けてしまった東京で、母親とあっけなく再会するシーンはかなり個人的な記述である。一方、その後に登場する「戒厳令」「同潤会」などのキーワードは公の意味合いを帯びている。

宏一さんにとってはあえて説明するまでもない語句だろうが、若き読者にはそれが含意するところはなかなかつかみにくい。そこで一哉さんの説明が役に立つ。「戒厳令は非常時に軍が施政権を握るものである。日露戦争後の日比谷焼打ち事件、この関東大震災、二・二六事件で戒厳が布告されている」と教えてくれるので、そういう切羽詰まった状況下に、宏一さんたち当時の東京の人々は置かれていたのだとすんなり理解できる。

関東大震災という非常に大きな歴史的土台の上に、バラック暮らしや戒厳令などの厳しい背景が語られ、そのなかにあってもへこたれない小市民の生活があぶり出される。まるで一棟の建築物を眺めているかのような気持ちになる。感性を研ぎ澄ませば、柱の材質や窓の意匠、建物のにおいなどが朧気に感じとれるようになる。本著の醍醐味といえよう。

これだけ幅広く調べてもらえれば、黄泉の国のお父上もさぞかし喜ばれているであろう。それとも、そこまでしなくてもいいじゃないかと照れていらっしゃるかな。

なお、永瀬さんの前著『父に学んだ近代日本史――永瀬宏一の自伝を紐解く――』（二〇一九年、揺籃社刊）には、お父上の自分史が全文掲載されている。本著の姉妹編なので、ご興味のある方はぜひ併せて読まれたい。


本著の最大の魅力は、何より、歴史がどこにあるのか、その答えを明解に教えてくれるところだ。

すなわち、あなたの〝隣〟にある。意識しさえすれば、すぐそばを歴史が滔々と流れているのに気付くはずだ。歴史の存在を身近に感じられるようになると、人生はもっともっと面白くなる。愛おしくさえなる。自分がいまここにいる奇跡に身もだえするときもあるだろう。場合によっては、一生モノの研究課題が見つかるかもしれない。

あの碑はなんだろう。この道はどこへつながっているのだろう。その人はどんな人生を歩んできたのだろう。どのような記憶がこの町には眠っているのだろう。

あなたにとっての芋づる式歴史散策は、そうして幕を開ける。本著は必ずやそのきっかけを与えてくれる。ボン・ヴォヤージュ！

二〇二〇年一一月吉日

揺籃社編集・山﨑領太郎

あとがき

本書の「解説」は揺籃社編集部の山﨑領太郎氏の筆になる。これまでに私は幾人もの方に推薦文、解説などを書いて頂いている。敢えて内面を吐露すれば、「まあ、こんなものか」、「ああ、こういう見方もできるのか」、「なかなか面白い捉え方をするものだ」、「拙著を解説するスタイルを取りながら、結局は持論を展開しているだけだ」などのことがあった。

校正の折に、拙宅に届けられた山﨑氏の解説を読み始めた。

「えっ、何だ、これは」

息を呑んだ。一行一行読み進める度に身体が硬直して行くのが分かった。私の思いが寸分違わず表現されているではないか。

「そう、その通りだ」

「うまく表現したものだ」

全神経が原稿の文字に吸い込まれて行く。

「次は何を言うのだろう」

「どこまで言うのだろう」

私の内奥にあった潜在意識が見事に顕在化されている。一〇〇%、一五〇%、いや二〇〇%である。私自身では恐らく文字化できなかったであろう意識がdiscover（dis 取り除く、cover 覆い。だから「発見」。小学生の時、父が教えてくれた）され、提示されている。読み終わった後は、「編集者とはいえ、なぜここまで読み取れるのだろう」と、身が引き締まったまま、しばらく動けなかった。「身が引き締まる思いです」など、あくまでも形容句としては使って来たが、ここは本当に身が引き締まった。仮に私自身が自らの思いを力説したとしても、手前味噌の空回りになっただけであろう。それを山崎氏ならではの言い回しで、客観的に表現し尽くして頂いている。

山﨑氏によって私の潜在意識のカバーは完全に取り除かれた。本書に対する我が思いは、完璧に、「解説」の通りである。極論すれば、本文は読まなくとも良い。

「歴史はどこにあるのだろう」(解説のタイトル)

「あなたの〝隣〟にある」(解説末尾)

これだけを受け止めて頂ければ良い。我々は歴史の中に生きている。

歴史観を持てば、人生観が変わる。社会との関わりが変わる。人との関わりが変わる。

つまり、生き様が変わる。

*　*　*

本書は「一話完結、連続物」だから、どこから読み始めて下さっても問題ない。しかし、一応「構造」らしきものがあるので、一言して終えたい。

本書は徳島県の阿波池田に始まる。そこは、英語教師になりたくて、あちこちを渡り歩いた東京府芝区育ちの父がたどり着いた場所であった。この阿波池田には、戦国時代の昔、一時期、四国を統一した土佐の長宗我部元親が拠点とした白地城があった(↑第一部〈長宗我部元親〉)。

本書の最後は再び阿波池田の白地に戻り、そこで長宗我部家の盛衰を確認する。長宗我部元親、その子盛親の波瀾万丈の人生は何だったのだろう。人は何のために必死で生きているのだろう。そんなことを考えながら、私は父や祖父や己の人生を探ろうとした（↑第五部（忠臣蔵（西新橋）から白地（阿波池田）へ」）。つまり、本書は阿波池田の白地に始まり、阿波池田の白地に終わる。これが縦軸である。

父は忠臣蔵が好きだった。確《しか》と理由を聞いたことはないのだが、浅野内匠頭が切腹した田村邸が幼き父が走り回っていた東京府芝区の自宅の近くであったこと（↑第二部（寺内正毅」）が関係しているかもしれない。忠臣蔵の話は父から幾度も聞かされた。父が買った関係書が何冊か今も残っている。そんな影響で、私は長ずるに及んで関係史跡をあちこち歩いたことにも触れた（↑第五部（忠臣蔵（西新橋）から白地（阿波池田）へ」）。

東京都中野区に功運寺がある。この寺が東京府芝区と徳島県阿波池田をつないだ。ここには浅野内匠頭が刃傷に及び、そして後日、四十七士に討たれた吉良上野介の墓がある。そして、林芙美子の墓もある。林芙美子は旅をした阿波池田の白地が気に入り、しばらく逗留し、ここをテーマにした作品も生み出している。功運寺を紹介することで、父の故郷の東京から、最後に再び阿波池田の白地に戻ることができた（↑第五部（忠臣蔵（西新橋）から白地（阿波池田）へ」）。これが横軸である。

林芙美子がなぜ白地に泊まったかと言うと、彼女は祖谷を訪ねた折に立ち寄ったのであった。筆者のお粗末な卒業論文は平氏政権論だが、かの有名な『平家物語』は世の無常がテーマである。源氏に敗れた平氏の人々が逃げ込んだ祖谷に行くために、彼女は阿波池田に来た。

父の人生を振り返り、己の人生を振り返り、本書で取り上げた数々の人々の人生を振り返り、今、強く思う。生まれて来るとは何だろう。生きて行くとは何だろう。

御宿で異国の難破船を助けた人々と助けられた乗員（↑第五部〔ドン・ロドリゴ〕）の末裔が出会うことはないだろう。しかし、ここで助け、助けられなかったら異国船乗組員のあとに続く命はなかった。別の例をあげよう。関ヶ原で宇喜多秀家が負けなければ、本書で紹介した数名（↑第四部〔和歌山市／琵琶湖（高島市）〕）は、この世にいなかったであろう。あるいは、伊達政宗が使節をヨーロッパに派遣しなければ、ハポンさんはいなかったし、その末裔が仙台に来ること（↑第五部〔海外旅行〕）もなかった訳だ。

「露と落ち　露と消えにし　我が身かな　浪速《なにわ》のことは　夢のまた夢」は豊臣秀吉のよく知られた辞世。間違いなく「一期は夢」（↑第四部〔六甲山／奈良／橿原神宮〕、第五部〔忠臣蔵（西新橋）から白地（阿波池田）へ〕）である。人は、その先祖と末裔の流れの中の一パーツとして、夢の連鎖を続けて行く。あなたの父は、母は、祖父母は、五百年前の先祖は、千年前の先祖は、どんな夢の一期だったのだろう。その時は、どんな社会だったのだろう。片や、あなたの息子は、娘は、孫は、五百年後の末裔は、千年後の末裔は、どんな夢の一期を過ごすのだろう。その時は、どんな社会になっているのだろう。

我々は滔々たる歴史の流れの中にいる。そこに一瞬、煌《きら》めく夢のような我が人生。これはもう「おもしろく」生きないと、おもしろくない。

最後に、改めて揺籃社山﨑領太郎氏には解説だけでなく、本来の編集作業共々、実にお世話になった。

カバーの書の山岡充子先生は私が二〇代の折、中国旅行で知り合って以来のご交誼。閑吟集の「一期は夢よ　ただ狂へ」と高杉晋作辞世の「おもしろき　こともなきよを　おもしろく」（↑第五部〔広島〕）を書いて頂いた。中でも、そこにある「狂」の文字。室町時代という下剋上の時代、京の町衆が天に向かって伸び上がっているかのような、踊っているかのような躍動感。これが我が本の表紙になるのかと、最初一目見た時、涙が出た。

帯の推薦文の関幸彦先生は短文で拙著の最大の個性を表現して下さった。山崎氏は「芋づる式日本史」と言った。私は「日本史連想ゲーム」だと思っていた。そこへ関先生は「千夜一夜物語」。このお洒落な言い方、ただ一言、参った。

イラストの一場友花さん（↑第二部〔関東大震災〕／イラスト、第一部〔長宗我部元親〕、第四部〔徳島空襲〕）と林未尋さん（イラスト、第一部〔高橋由一、「鮭」〕）は筆者の教え子。本書の理解を視覚的に助けて頂いた。

皆様方に心より御礼申し上げます。

二〇二〇年一一月三日

新型コロナウイルス感染症（COVID‐19）に振り回された一年だった。
八王子市めじろ台の自宅にて、妻と一緒にのんびり茶を飲みながら、筆を置く。

永瀬一哉

【著者略歴】

永瀬一哉（ながせ・かずや）

◇早稲田大学文学部日本史学専攻卒業／早稲田大学大学院教育学研究科修士課程修了
◆カンボジア王国情報省アドバイザー／特定非営利活動法人・インドシナ難民の明日を考える会代表
◇神奈川県立高校、神奈川県立教育センター、神奈川県自治総合研究センターに勤務カンボジア・ベンコック中学校教育環境支援アドバイザー、カンボジア国営放送パイリン放送局アドバイザー、ＮＨＫ学校放送番組委員などにも従事
◆文部科学大臣奨励賞、博報賞、アジア福祉財団難民事業本部表彰、相模原市社会福祉協議会表彰
◇『太平洋戦争海軍機関兵の戦死』（明石書店）
『I Want Peace! 平和を求めて ── カンボジア難民少年、日本へ』〔英文教材〕（相模原市書店協同組合）
『気が付けば国境、ポル・ポト、秘密基地』（アドバンテージサーバー）
『クメール・ルージュの跡を追う』（同時代社）
『ポル・ポトと三人の男』（揺籃社）
『父に学んだ近代日本史 ── 永瀬宏一の自伝を紐解く』（揺籃社）

特定非営利活動法人・インドシナ難民の明日を考える会

- 外務大臣表彰
- カンボジア王国復興貢献賞
- 神奈川県ボランタリー活動奨励賞
- 相模原市社会福祉協議会表彰

父《ちち》と子《こ》が　共《とも》に紡《つむ》いで　高校日本史《こうこうにほんし》

── 紙上歴史散策《しじょうれきしさんさく》 ──

2020年12月22日　印刷
2021年１月10日　発行

著　者　永　瀬　一　哉

発行者　清　水　英　雄

発　行　揺　籃　社
〒192-0056 東京都八王子市追分町10-4-101
㈱清水工房内　TEL 042-620-2615
https://www.simizukobo.com/

 ISBN978-4-89708-444-2 C0021